小学原生态作文教学系列丛书——

悦读喜作

主 编　洪仙瑜　于者良

编 委　洪仙瑜　徐晓东　金先高　陈学君　陈慧娇　于者良
　　　　毛乃春　孙日东　黄微勤　张 虹　陈符银　刘小明
　　　　詹 远　翟灵青　林 凌　周 英　何灵芳　杨 健
　　　　朱琪琛　张玲芳　宋满香　狄仙君　苏 丹　周 璐
　　　　林晓晓　陈晓燕　林 琳　董晶晶　卢柯焰　何 俊
　　　　金丽燕　李金铙　李佳媛　丁 一　李卫青　陈素素
　　　　王 蕾　阮淑英　郭 余　杨彩芳　宋春博
　　　　（排名不分先后）

山西出版传媒集团
山西人民出版社

图书在版编目（CIP）数据

悦读喜作 / 洪仙瑜，于者良主编 . — 太原 ： 山西人民
出版社，2018.12
ISBN 978-7-203-10647-0

Ⅰ. ①悦… Ⅱ. ①洪… ②于… Ⅲ. ①作文课—教学研
究—小学 Ⅳ. ①G623.342

中国版本图书馆CIP数据核字（2018）第274345号

悦读喜作

主　　编：洪仙瑜　于者良
责任编辑：吕绘元
复　　审：刘小玲
终　　审：姚　军
装帧设计：赵　丹
出 版 者：山西出版传媒集团·山西人民出版社
地　　址：太原市建设南路21号
邮　　编：030012
发行营销：0351-4922220　4955996　4956039　4922127（传真）
天猫官网：http://sxrmcbs.tmall.com　电话：0351-4922159
E-mail：　sxskcb@163.com　　发行部
　　　　　sxskcb@126.com　　总编室
网　　址：www.sxskcb.com
经 销 者：山西出版传媒集团·山西人民出版社
承 印 厂：山西荣博印业有限责任公司
开　　本：787mm×1092mm　　1/16
印　　张：23
字　　数：390千字
印　　数：1-800册
版　　次：2018年12月　　第1版
印　　次：2018年12月　　第1次印刷
书　　号：ISBN 978-7-203-10647-0
定　　价：40.00元

如有印装质量问题请与本社联系调换

序

　　与台州双语小学结缘,是因为有于者良、孙日东这样的作文教学研究者。当年,经朋友引荐,认识了台州作文教学界的一批精英人士,其中就有于、孙二人。此后,一来二去,因为共同的关注点,因为业务上的交往,和于老师、孙老师越来越熟,和台州双语学校也有了越来越多的合作。当学校说要我为即将出版的《悦读喜作》这本书写点文字时,我欣然应允。

　　"阅读是吸收(或输入),写作是倾吐(或输出)。"但并非阅读之后,人们就能自由地倾吐,就能写作。但如果依此,又得出阅读对写作没有任何帮助或作用的结论,同样是不可取。于是,怎样的阅读对写作才有用? 这就成了一个问题。

　　《悦读喜作》正是要解决这样的问题。这里的悦读并不是广义的喜欢阅读,而是特指对课文的喜欢阅读。在传统语文教学中,教学者往往是把一篇课文进行解剖式的分析阅读,让文本失去其本来的美感,让学习的过程变得枯燥乏味,悦读自然无从谈起。但话又说回来,无论是课内还是课外阅读,如果没有指导、没有目的地阅读,必然是一种低效的阅读,阅读之后的吸收也非常有限。《悦读喜作》以课文为学习对象,针对每篇课文提炼出学习要点。这些要点,是编写者对文本深思熟虑后的萃取,所以既是学习这篇课文的核心所在,又是对阅读这篇课文的有效指导,更是对这篇课文学习内容的巩固与延伸。这些阅读的要点,随后又成为练笔的要点。阅读时关注这个点,练笔时就写这个点,从而让读写融通、读写转化成为一种可能。阅读变得有方向,让孩子阅读有事可做;较低门坎问题的设置,让每个孩子每天都能完成学习任务的同时,更多的是在成长中获得成就感。成就感的存在,孩子对眼前这件事就会有兴趣,有兴趣的结果自然是悦读。因为喜读阶段让孩子们积累、掌握了练笔内容的秘诀,而练笔过程点小、精准,让学生有了写作知识与技法的同时,又有了练笔的内容。写什么、怎么写的问题都得到了解决,学生写的时候就不再是"笔头咬了老半天,纸上写了两三行"的窘态,而是变为愉快地用文字符号来表达自己的心声。写,由此变得愉悦。

语文教学上,年段的序列化特征,一直是明显且较为实用的。在作文教学上,序列性一直也存在着,但只浮于表层,各年段的教学目标、知识点的掌握与运用,都没有明确内容,每节作文课要教什么、学什么,更是没有的事情。正因为习作教学序列性的缺失,导致老师不知道在习作课上要教什么,学生不知道该学什么,老师凭着自己的感觉来教,学生跟着老师的感觉来学,让作文课成为一门极其随意——教成什么是什么的课。《悦读喜作》对每篇课文学习重点的筛选、罗列,绝不只是对课文学习要点的提炼。这些要点阶梯式的呈现,因为服务于写,因而是一点一滴在为学生写的能力做阶梯式的铺垫,为学生的作文做着序列性的构建。台州双语学校的领导及编写团队能有如此深远的教学思想及考虑,真是让人心生敬意。

《悦读喜作》是台州双语学校在语文及作文教学上多年思考、实践成果的集中呈现,它既是台州双语学校在语文及作文教学上的思考与探索,也代表中国教育者在这方面做出的努力与探索。我们有理由相信,在所有语文教育工作者的共同努力下,我们的语文与作文教学会变得越来越有效,孩子们的学习会变得越来越轻松。

聂 闻

2018 年 9 月 30 日

目 录

一年级（上）

第1课　秋天

了解秋天变化,发现事物规律

【课文链接】

秋天来了,有哪些变化?

秋天来了,天气凉了,树叶黄了,大雁往南飞。

【领悟写法】

读第一自然段,感悟秋天有哪些变化。

读第二自然段,思考大雁有什么变化。

对照插图,按照从近到远的顺序,完整地介绍一下秋天。

要点:天气—树叶—叶子—天空—大雁—秋天。

【读写结合】

秋天来了,菊花开了,稻谷熟了,大雁往南飞。

【迁移运用】

秋天来了,你身边还有哪些事物也发生了变化,请你告诉同学们。

	秋	天	来	了	,						

第 2 课　小小的船

掌握叠词特点，学会使用叠词

【课文链接】

　　弯弯的月儿　　小小的船
　　闪闪的星星　　蓝蓝的天

【领悟写法】

　　叠词的运用。

【读写结合】

　　月儿　　弯弯的月儿
　　山路　　长长的山路
　　海　　　大大的海

【迁移运用】

　　留心观察周围的事物，比如苹果、西瓜等，并用叠词来形容（怎么样的什么）。
　　（　　　　　）　　　　　（　　　）的（　　　）
　　（　　　　　）　　　　　（　　　）的（　　　）

第 3 课　江南

初步认识方向，辨别东南西北

【课文链接】

　　鱼戏莲叶东，鱼戏莲叶西，鱼戏莲叶南，鱼戏莲叶北。

【领悟写法】

了解东西南北四个方位。

【读写结合】

小鱼们有的在东边游,有的在西边游,还有的在北边游,它们玩得真快乐!

【迁移运用】

结合生活经验,把表示方位的词东南西北填在括号里。

太阳从(　　　　)边升起,从(　　　　)边落下。

海南岛在祖国的(　　　　)方,哈尔滨在祖国的(　　　　)方。

第4课　四季

感受叠词特色,学会巧妙运用

【课文链接】

草芽尖尖,他对小鸟说:"我是春天。"荷叶圆圆,他对青蛙说:"我是夏天。"
谷穗弯弯,他鞠着躬说:"我是秋天。"雪人大肚子挺,顽皮地说:"我是冬天。"

【领悟写法】

诗中叠词"草芽尖尖""荷叶圆圆""谷穗弯弯",说出了事物的特征,增添了诗歌的韵律美。抓住叠词特点,联系生活进行联想,仿照写一写。

【读写结合】

草芽尖尖	荷叶圆圆	谷穗弯弯
铅笔尖尖	月儿圆圆	眉毛弯弯
针头尖尖	肚子圆圆	小船弯弯

【迁移运用】

请你仔细观察身边的事物,他们都有与众不同的特点,他们会告诉谁呢?你来说一说,写一写。

（　　　　），他对（　　　　）说:"（　　　　）。"

（　　　　），他对（　　　　）说:"（　　　　）。"

第5课　画

说说反义词组,学习积累运用

【课文链接】

远看山有色,近听水无声。

春去花还在,人来鸟不惊。

【领悟写法】

古诗中的反义词:远—近。

【读写结合】

写出反义词:有—无,来—去。

【迁移运用】

你还知道哪些反义词,请你来写一写。

（　）—（　），（　）—（　），（　）—（　）。

第6课 大小·多少

学会使用量词,巧妙迁移运用

【课文链接】

一头牛　　一只猫　　　一群鸭子

一颗枣　　一个桃子　　一堆杏子

【领悟写法】

一个大,一个小,一头黄牛一只猫。

【读写结合】

一支铅笔　　一块橡皮　　一本书

一件衣服　　一把尺子　　一张课桌

【迁移运用】

请你在下面的括号里填上一个量词,再比较下面的事物,谁大谁小,谁多谁少。

一(　　)金鱼　　　　一(　　)小草　　　一(　　)星星

一(　　)汽车　　　　一(　　)铅笔　　　一(　　)桃花

一个大,一个小,一_____一_____。

一边多,一边少,一_____一_____。

第7课 小·书包

学做分类能手，认识学习用具

【课文链接】

课本　作业本　铅笔　转笔刀　橡皮

【领悟写法】

学会分类。

【读写结合】

我会把书本、文具盒放进书包。

【迁移运用】

你的笔袋里放些什么？你的书包里又放些什么呢？请你告诉小朋友。

我会把（　　　）、（　　　）放进笔袋。

我会把（　　　）、（　　　）放进（　　　）。

第8课 日月明

根据构字特点，理解会意字理

【课文链接】

日月明，田力男。

小大尖，小土尘。

【领悟写法】

根据会意字构字特点识字。

【读写结合】

二人从,三人众。

双木林,三木森。

【迁移运用】

同学们,汉字很有趣,有的汉字像双胞胎,有的还是三胞胎呢,你能猜出下面这些字吗?

二口(　　　　),三口(　　　　　)。

二火(　　　　),三火(　　　　　)。

第 9 课　升国旗

学会升旗礼仪,做到严肃庄重

【课文链接】

五星红旗,我们的国旗。

【领悟写法】

体会升国旗时的严肃庄重。

【读写结合】

我向着国旗,敬着队礼,望着国旗,唱着国歌。

【迁移运用】

你一定参加过学校升国旗的仪式吧,当时你是怎么做的呢?

第10课　影子

学习辨别方位,确定角度观察

【课文链接】

　　影子在前,影子在后。

　　影子在左,影子在右。

【领悟写法】

　　说说自己的前后左右都是谁。

【读写结合】

　　我的前面是(　　　　),我的后面是(　　　　)。

　　我的左边是(　　　　),我的右边是(　　　　)。

【迁移运用】

　　说说别的物体前后左右都有什么,试着以自己以外的个体为中心看世界,如教室黑板的左右上下都有什么? 你家房前屋后左右是谁家?

第11课 比尾巴

学习用形容词,使句子更具体

【课文链接】

谁的尾巴长? 谁的尾巴短?

谁的尾巴好像一把伞?

【领悟写法】

长　短　扁　弯

【读写结合】

老鼠的尾巴长,仓鼠的尾巴短,松鼠的尾巴好像一把伞。

【迁移运用】

你所知道的小动物中,谁的尾巴长,谁的尾巴短,像什么?请你学课文写下来。

第12课　青蛙写诗

学习使用标点,句子朗朗上口

【课文链接】

青蛙的诗写成了:

呱呱,呱呱,

呱呱呱。

呱呱,呱呱,

呱呱呱……

【领悟写法】

认识标点符号",""。""……"。

说说应该在什么时候用这些符号。

【读写结合】

根据课文中诗歌的节奏,读读下面的诗句。

咕咕咕咕咕

咕咕咕咕咕

叽叽叽叽叽

叽叽叽叽叽叽

【迁移运用】

根据不同的停顿方式,读出不同的节奏。

呱,呱,呱,呱呱,

呱,呱呱,呱呱呱……

第13课 雨点儿

学习"更"的使用,句子更有层次

【课文链接】

不久,有花有草的地方,花更红了,草更绿了。没有花没有草的地方,开出了红的花,长出了绿的草。

【领悟写法】

很红　　很绿

更红　　更绿

【读写结合】

花更红了,草更绿了。

天更蓝了,云更白了。

【迁移运用】

学习"更"的用法,在下面的括号里填一个词语,让句子读起来更有层次感。

洁白的云朵在蓝天下自由自在地飘荡,天气越来越晴朗,天（　　）了,云（　　）了。

夏天到了,西瓜地里的西瓜长得（　　）了,（　　）了。

第14课 明天要远足

学习说疑问句,含义更加丰富

【课文链接】

那地方的海,真的像老师说的,那么多种颜色吗?

那地方的云,真的像同学说的,那么洁白柔软吗?

到底什么时候,天才亮呢?

【领悟写法】

复杂的疑问句比较长,句内用逗号隔开并分行,表示句子内部成分的停顿。

疑问句的末尾以疑问词结尾,符号为"?"。

【读写结合】

那地方的沙滩,真的像老师说的,那么柔软吗?

那地方的云,真的像同学说的,那么洁白吗?

【迁移运用】

生活中,你一定会遇到好多的疑问,你学上面的句式写一写。

第15课　大还是小·

模仿句式写话,学习合理表达

【课文链接】

我自己穿衣服的时候,我自己系鞋带的时候,我觉得自己很大。

我够不到按钮的时候,我听到雷声喊妈妈的时候,我觉得自己很小。

【领悟写法】

体会句式特点,模仿写句。

【读写结合】

我自己背书包上学的时候,我自己系红领巾的时候,我觉得自己很大。

我晚上不敢一个人睡觉的时候,我看到毛毛虫吓得哭了的时候,我觉得自己很小。

【迁移运用】

你在家里一定能够做一些力所能及的事情,如买菜、烧菜、整理房间……这个时候,你已经长大了;但当你遇事还依赖爸爸妈妈的时候,如去超市购物、外出旅游……你就显得很小。请你学上面的句式写一写。

第 16 课　项链

形容词再训练,强化表达意识

【课文链接】

大海,蓝蓝的,又宽又远。

沙滩,黄黄的,又长又软。

【领悟写法】

"又(　　)又(　　)"的句式概括特点,同时描述事物的两方面。

叠词具有韵律感,可形容颜色,可表示声音,可形容事物大小。

【读写结合】

天空,蓝蓝的,又宽又大。

小草,绿绿的,又细又软。

【迁移运用】

擦亮你的眼睛,观察你身边熟悉的人或事物,学上面的句式写一写。

西瓜,(　　　)的,又(　　　)又(　　　)。

小弟弟,(　　　)的,又(　　　)又(　　　)。

(　　　),(　　　)的,又(　　　)又(　　　)。

一年级（下）

第1课　春夏秋冬

学用词串形式，展现不同事物

【课文链接】

　　春风　夏雨　秋霜　冬雪　春风吹　夏雨落　秋霜降　冬雪飘
　　青草　红花　游鱼　飞鸟　小草青　山花红　鱼出水　鸟入林

【领悟写法】

　　通过课文插图，读懂词语的意思。

　　通过动作演示，理解词串的意思。

　　观察图片，说说图中的景物，练习口语表达。

【读写结合】

　　春天来了，柳树长出了嫩嫩的绿芽，小草探出了脑袋，花儿张开了笑脸，小燕子从南方赶回来，好像在说："春天真好！春天真美！"

【迁移运用】

　　观察春天校园中小树、小花、小草、鸟儿、虫子等事物的变化，写几句话。

第 2 课　姓氏歌

学会姓氏问答，巧记百家姓氏

【课文链接】

你姓什么？我姓李。什么李？木子李。

他姓什么？他姓张。什么张？弓长张。

【领悟写法】

学会用分解部件的方法介绍姓氏。

学会用组词的方法介绍姓氏。

了解复姓。

【读写结合】

你姓什么？我姓胡。什么胡？古月胡。

他姓什么？他姓吴。什么吴？口天吴。

【迁移运用】

新学期刚开学，班级里一定会有一些新同学、新老师，请你学上面的方法，互相做个介绍。

第3课 小·青蛙

由"青"发散思维,巧记形声字形

【课文链接】

河水清清天气晴,小小青蛙大眼睛。

【领悟写法】

了解"青"字的特点,了解形声字的构字规律。

【读写结合】

"青"字加"言"组成"请",客人到家我说"请"。

"青"字加"目"就是"睛",繁星闪闪眨眼"睛"。

"青"字有"心"就成"情",天天上学好心"情"。

【迁移运用】

学上面的句式,用上"静""精"编写儿歌。

第4课　猜字谜

谜面提取信息,学会巧猜字谜

【课文链接】

左边绿,右边红,左右相遇起凉风。绿的喜欢及时雨,红的最怕水来攻,

【领悟写法】

从"绿""红""凉风"等关键词中提取信息猜谜。

【读写结合】

出示禾苗和火苗的图片,说出相对应的"及时雨""水来攻"。

【迁移运用】

学习从谜面提取信息,然后再进行组合,猜字谜。

田上长了草,其实不是草。(　　　)

一字有千口,你有我也有。(　　　)

第5课　吃水不忘挖井人

用好关联词语,说清事情因果

【课文链接】

村子里没有水井,乡亲们吃水要到很远的地方去挑。毛主席就带领战士们和乡亲们挖了一口井。

【领悟写法】

用上"因为……所以……"的句式,前面部分要说出事情的原因,后面部分要

说出事情的结果。

【读写结合】

因为村子里没有水井,所以乡亲们吃水要到很远的地方去挑。

因为乡亲们吃水要到很远的地方去挑,所以毛主席就带领战士们和乡亲们挖了一口井。

【迁移运用】

请你用"因为……所以……"连起来说几句话。

今天下雨了,全校所有班级的同学都没有到操场上做操。

我家离学校很远,早上路上又堵车堵了好久。我上学迟到了。

第 6 课　我多想去看看

学说写感叹句,表达赞美之情

【课文链接】

我对妈妈说,我多想去看看,我多想去看看!

【领悟写法】

感叹句是表示赞美的句子!一般句子中含有"啊",句末常用感叹号"!"。

【读写结合】

　　北京天安门真漂亮啊！

　　我的妹妹真可爱啊！

　　你的歌唱得多好听啊！

【迁移运用】

　　你想去看电影吗？你想去吃牛排吗？你想去旅游吗？……请你用感叹的句式，表达强烈的要求。

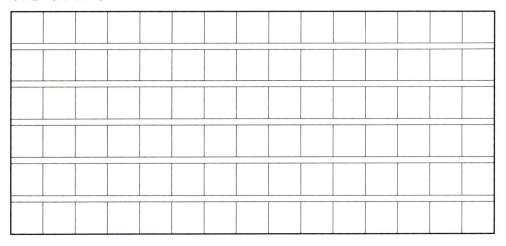

第7课　一个接一个

学说学写儿歌，表达相反意思

【课文链接】

　　月夜，正玩着踩影子，

　　就听大人叫着："快回家睡觉！"

　　唉，我好想再多玩一会儿啊！

　　不过，回家睡着了，

　　倒可以做各种各样的梦呢！

【领悟写法】

"不过"前面的句子是说出一个意思,"不过"后面的句子则说出与前面的句子相反、相对或部分相反的意思。

【读写结合】

傍晚,正和小朋友做游戏,

就听大人叫道:"快回家吃饭啰！"

唉,要是再多玩一会儿就好了！

不过,回家有好吃的,

倒是也挺不错呢！

【迁移运用】

当你正和小伙伴游泳时,妈妈喊你去超市;当你正写作业时,下课铃声响了,要出去做操了;当你放学准备回家时,爸爸打电话来说堵车了……生活中,会经常遇到这些情况,请你用诗歌来写一写。

_____,正 _____,

就听大人叫道:"_____！"

唉,_____！

不过,_____,

倒 _____！

第9课　小·公鸡和小·鸭子

理解含"得"短语,并会迁移运用

【课文链接】

他们走进草地里。小公鸡找到了许多虫子,吃得很欢。小鸭子捉不到虫子,急得直哭。小公鸡看见了,捉到虫子就给小鸭子吃。

【领悟写法】

初步体会"吃得很欢""急得直哭"等词语的用法，"得"的后面表示怎么样。

【读写结合】

周五下午放学了，班级里的同学们都被家长接走了，只有玉婷还在教室等妈妈，她急得直跳。

班级大合唱比赛，同学们表现非常出色，获得全校一等奖，同学们高兴得手舞足蹈。

【迁移运用】

你单元考试得了 100 分，一定很开心吧，开心时会有怎样的表现呢？

爸爸暑假要带你去上海迪士尼玩，你一定很激动，激动时的表现是怎样的？

请你用"开心得……""激动得……"把句子写具体。

第9课 树和喜鹊

了解并列关系，学会用"也"造句

【课文链接】

树很孤单，喜鹊也很孤单。

树有邻居，喜鹊也有邻居。

【领悟写法】

　　"也"是表示句子中两个方面同样、并行等关系。

【读写结合】

　　树很高兴，喜鹊也很高兴。

　　我有妹妹，你也有妹妹。

【迁移运用】

　　我会用"也"写我和同学、我和爸爸、我和老师、我和小动物……之间的关系。

第10课　怎么都快乐

通过句式转换，不同形式表达

【课文链接】

　　一个人玩，很好！

　　独自一人，

　　静悄悄的，

　　正好用纸折船、

　　折马……

【领悟写法】

通过句式转换,用不同的形式表达。

【读写结合】

独自一人,静悄悄的,可以画画,也可以看书……这样玩,很好!

【迁移运用】

一个人玩有一个人玩的好处,两个人玩有两个人玩的好处,甚至更多的人玩……你想想看,都有什么好玩的,写下来。

(   )个人可以(   ),(   )也可以(   ),这样玩,很好!

第11课　静夜思

学习运用比喻,寻找关联特点

【课文链接】

床前明月光,疑是地上霜。

举头望明月,低头思故乡。

【领悟写法】

用"疑"把月光比喻成霜,月光就好像地上的霜一样洁白。月光与地上的霜有相似之处,就是白,看似霜却又不是霜。

【读写结合】

弯弯的月亮好像一条小船,又像一根香蕉。

【迁移运用】

你一定发现身边有好多事物,和其他事物有相似之处,请你学写比喻句。

_____ 好像 _____。

第12课　夜色

会用"一……就……"造句,理解前因后果

【课文链接】

我从前胆子很小很小,

天一黑就不敢往外跑。

妈妈把勇敢的故事讲了又讲,

可我一看窗外心就乱跳……

【领悟写法】

表示"一"后面的事件一旦发生,就会导致"就"后面事件的结果。

【读写结合】

妈妈把勇敢的故事讲了又讲,可我一听就忘了。

【迁移运用】

这么简单的句式,相信你肯定也会写。

_____ 一 _____ 就 _____。

第13课　端午粽

模仿叠词句式,增加语言韵律

【课文链接】

粽子是用青青的箬竹叶包的,里面裹着白白的糯米,中间有一颗红红的枣。

【领悟写法】

通过叠词(ABB)的使用,可以增加语言的韵律感,还能起到强调的作用。

【读写结合】

蛋糕是用黄黄的鸡蛋做的,里面还有白白的奶油,形状是圆圆的。

【迁移运用】

我也会介绍。

汤圆是用( ),里面( ),样子( ),一口吃下去感觉( )。

第14课 彩虹

学用假设句式,表达心里想法

【课文链接】

爸爸,如果我提着你那把浇花用的水壶,走到桥上去,把水洒下来,不是我在下雨了吗?

【领悟写法】

理解"如果……不就……"表示只是种想法,一种假设。

【读写结合】

你如果早点起床,不就不会迟到了吗?

【迁移运用】

如果你认真学习……如果你不贪玩……如果你早回家……会有怎样的结果呢? 请你写一写。

如果 _____ 不就 _____。

第15课 动物儿歌

学习简化构词，朗读动物儿歌

【课文链接】

蜻蜓半空展翅飞，

蝴蝶花间捉迷藏。

蚯蚓土里造宫殿，

蚂蚁地上运食粮。

蝌蚪池中游得欢，

蜘蛛房前结网忙。

【领悟写法】

这首儿歌的句式统一，读起来朗朗上口，都是"谁在什么地方干什么"，也可以写成"谁干什么"，好读易记有规律。

【读写结合】

蜻蜓展翅飞，

蝴蝶捉迷藏。

蚯蚓造宫殿，

蚂蚁运食粮。

蝌蚪游得欢，

蜘蛛结网忙。

【迁移运用】

学上面的句式，试着写一写，读一读。

骆驼 _____。

小鱼 _____。

马儿 _____。

第16课　古对今

联系生活实际,学习构词对对

【课文链接】

古对今,

圆对方。

严寒对酷暑,

春暖对秋凉。

【领悟写法】

"古今""圆方""严寒酷暑""春暖秋凉"……正好都是相对或是相反的。

【读写结合】

上对下,地对天,太阳对月亮,清晨对傍晚。

左对右,长对短,湖泊对山川,平原对高山。

【迁移运用】

擦亮你的眼睛,想一想校园里、草地上、教室里、书房里……有哪些事物,和它们相对的事物分别有什么特点,请你学着写一写。

(　　)对(　　),(　　)对(　　),(　　)对(　　),(　　)对(　　)。

第17课　操场上

链接体育活动,调换语序表达

【课文链接】

铃声响,下课了,

操场上,真热闹。

跳绳踢毽丢沙包,

天天锻炼身体好。

【领悟写法】

把文中的体育活动换一换,注意每一句的字数不能变。

【读写结合】

跑步做操跳长绳,

天天锻炼身体好。

【迁移运用】

用下面的体育活动名称,学着写一写,读一读。

打篮球　　拔河　　踢足球

跳远　　跑步　　打乒乓球

第18课　人之初

根据课文内容，学习理解生字

【课文链接】

人之初，性本善。性相近，习相远。苟不教，性乃迁。教之道，贵以专。

【领悟写法】

用自己的话说说《三字经》中这几句话的意思，思考"初""善""性""专"的意思。

【读写结合】

给"初""善""性""专"组词（初始、善良、性格、专心）。

【迁移运用】

思考"宜""义""苟"的意思，并组词。

宜（　　　）　　　　义（　　　）　　　　苟（　　　）

第19课　荷叶圆圆

体会句式特点，学用叠词写句

【课文链接】

荷叶圆圆的，绿绿的。

小水珠说："荷叶是我的摇篮。"小水珠躺在荷叶上，眨着亮晶晶的眼睛。

【领悟写法】

体会句式特点，模仿写句。

"圆圆的""绿绿的""亮晶晶的"这些叠词具有韵律感,可形容颜色,可表示形状,可形容事物大小。

【读写结合】

荷叶圆圆的,绿绿的。

苹果红红的,甜甜的。

黄瓜绿绿的,长长的。

大树高高的,壮壮的。

【迁移运用】

擦亮眼睛,观察周围的事物,学着用叠词来写一写。

第20课　要下雨了

运用感叹词语,进行句式训练

【课文链接】

"燕子,燕子,你为什么飞得这么低呀?"

"我正忙着捉虫子呢!"

【领悟写法】

感叹句中一般有感叹词"啊""呀""哇""唉""呢""吧"等。

问句中一般有"呀""呢""吗""么"等感叹词。

学会用标点符号"？""！"。

【读写结合】

小白兔大声喊："燕子，燕子，你为什么飞得这么低呀？"

是要下雨了吗？小白兔往前边池子里一看，小鱼都游到水面上来了。

哗，哗，哗，大雨真的下起来了！

【迁移运用】

请在下面的句子后面加上"？"或"！"，并读一读，体会句子的语气。

小鸟飞得真低呀（　　　）

你写作业了吗（　　　）

天安门前的人非常多啊（　　　）

这道题你会做吗（　　　）

小白兔真可爱啊（　　　）

第21课　文具的家

可感生活情境，进行句式训练

【课文链接】

贝贝一回到家，就向妈妈要新的铅笔、新的橡皮。

【领悟写法】

初步理解"一……就……"表示立刻、马上的意思，并在具体可感的生活情境中尝试运用。

【读写结合】

每天早上，我一到学校，就开始读书。

一下课，我们就准备文具。

妈妈一回家，就开始做饭。

【迁移运用】

生活中需要马上做出应对的情况有很多，我能用"一……就……"写一写。

第 22 课　一分钟

用"要是"说推理，丰富语句积累

【课文链接】

他叹了口气说："要是早一分钟就好了。"

【领悟写法】

"要是……就……"是表示假设关系的关联词语，根据句式，可进行简单推理，从而体会元元后悔的感受。尝试写句，丰富语句积累。

【读写结合】

要是早一分钟，就能赶上绿灯了。

要是能赶上绿灯，就不会上学迟到了。

要是能赶上公共汽车，就能按时到家。

【迁移运用】

有些事，并不如你所愿，现在想想，你肯定有了自己明确的答案，请说一说。

要是我上课能认真听讲，就……

要是我每天坚持跳绳，就……

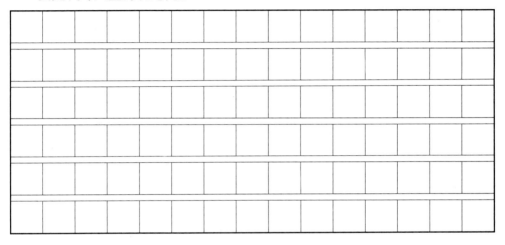

第23课　动物王国开大会

学格式写通知，几要素写清楚

【课文链接】

"请注意啦！"狗熊用喇叭大声喊，"明天上午八点，在森林广场开大会，请大家准时参加！"

【领悟写法】

通知是应用文体，发布通知要把时间、地点、人员及事情说清楚。

【读写结合】

通　知

　　本周五早上八点，请参加运动会入场式的各班同学，在教学楼门前集合。

少先队大队部

2016 年 4 月 20 日

【迁移运用】

　　双语学校 6 月 1 日晚上将在体育中心举行一年级新队员入队仪式，请你帮少先队大队部出一则通知，告知全体一年级学生，那天晚上六点排队入场。

第 24 课　小猴子下山

要动就连着动，学习写连动句

【课文链接】

　　小猴子来到玉米地里，他看见玉米结得又大又多，非常高兴，就掰了一个，扛着往前走。

【领悟写法】

　　"小猴子来到什么地方，看到什么，心情怎样，做了什么"，这个句式在课文中反复出现,既是复述故事的关键句,也是写好连动句,让句子更有故事性的范式。

【读写结合】

　　小猴子走到一棵桃树下,他看见满树的桃子,非常高兴,就扔了玉米,去摘桃子。

　　小猴子走到一片西瓜地里,他看见满地的西瓜,非常高兴,就扔了桃子,去摘西瓜。

【迁移运用】

　　"你来到什么地方,看到什么,心情怎样,做了什么",你能把你的所见所闻写下来吗?

<table>
<tr><td></td><td></td><td></td><td></td><td></td><td></td><td></td><td></td><td></td><td></td><td></td></tr>
<tr><td></td><td></td><td></td><td></td><td></td><td></td><td></td><td></td><td></td><td></td><td></td></tr>
<tr><td></td><td></td><td></td><td></td><td></td><td></td><td></td><td></td><td></td><td></td><td></td></tr>
<tr><td></td><td></td><td></td><td></td><td></td><td></td><td></td><td></td><td></td><td></td><td></td></tr>
<tr><td></td><td></td><td></td><td></td><td></td><td></td><td></td><td></td><td></td><td></td><td></td></tr>
<tr><td></td><td></td><td></td><td></td><td></td><td></td><td></td><td></td><td></td><td></td><td></td></tr>
</table>

第 25 课　棉花姑娘

学习使用叠词,描写事物特征

【课文链接】

　　不久,棉花姑娘的病好了,长出了碧绿碧绿的叶子,吐出了雪白雪白的棉花。她咧开嘴笑了!

【领悟写法】

对比朗读："碧绿的叶子"与"碧绿碧绿的叶子"，"雪白的棉花"与"雪白雪白的棉花"。

讨论：哪个句子读起来更好些？为什么？思考反复使用两个完全一样的词语有什么好处。

【读写结合】

碧绿碧绿的叶子　　　金黄金黄的橘子

雪白雪白的棉花　　　雪白雪白的云朵

【迁移运用】

学习运用 ABAB 形式的词语，使句子或词组更加生动形象。

金黄金黄的 ＿＿＿＿＿＿＿　　　　火红火红的 ＿＿＿＿＿＿＿

＿＿＿＿＿＿＿ 的羽毛　　　　　　＿＿＿＿＿＿＿ 的花朵

＿＿＿＿＿＿＿ 的 ＿＿＿＿＿＿＿

第 26 课　咕咚

了解并列句式，模仿写好句子

【课文链接】

兔子一边跑一边叫："不好啦，'咕咚'可怕极了！"

【领悟写法】

体会"一边……一边……"句式特点，模仿写句。

【读写结合】

小猴子一边跑一边喊："不好啦，不好啦，'咕咚'来了，大家快跑哇！"

我一边走路一边唱歌。

【迁移运用】

注意观察爸爸、妈妈、同学、老师，他们会同时做些什么事情，请用"一边……一边……"来写一写。

<table>
<tr><td></td><td></td><td></td><td></td><td></td><td></td><td></td><td></td><td></td><td></td><td></td><td></td><td></td></tr>
<tr><td></td><td></td><td></td><td></td><td></td><td></td><td></td><td></td><td></td><td></td><td></td><td></td><td></td></tr>
<tr><td></td><td></td><td></td><td></td><td></td><td></td><td></td><td></td><td></td><td></td><td></td><td></td><td></td></tr>
<tr><td></td><td></td><td></td><td></td><td></td><td></td><td></td><td></td><td></td><td></td><td></td><td></td><td></td></tr>
<tr><td></td><td></td><td></td><td></td><td></td><td></td><td></td><td></td><td></td><td></td><td></td><td></td><td></td></tr>
</table>

第27课　小壁虎借尾巴

使用礼貌用语，说话得体有理

【课文链接】

小壁虎说："小鱼姐姐，您把尾巴借给我行吗？"

小壁虎说："伯伯，您把尾巴借给我行吗？"

【领悟写法】

请人帮忙时，要使用合适的礼貌用语，使说话得体。

【读写结合】

"小红，你能把橡皮借我用一下吗？"

【迁移运用】

生活中，我们经常会遇到困难，请求别人帮忙，请你学着把礼貌用语写下来。

小学原生态作文教学系列丛书——悦读喜作

二年级（上）

第1课　曹冲称象

学习有序表达，表述清楚明白

【课文链接】

把大象赶到一艘大船上，看船身下沉多少，就沿着水面，在船舷上画一条线。再把大象赶上岸，往船上装石头，装到船下沉到画线的地方为止。然后称一称船上的石头。石头有多重，大象就有多重。

【领悟写法】

《曹冲称象》讲的是曹操的儿子曹冲想办法称出大象重量的故事，文中第四自然段写了曹冲讲述称大象的方法，用"再""然后"这两个表示顺序的词把称象步骤表述得清楚明白。

【读写结合】

我先挖了一个大坑，然后小心翼翼地把小树苗放进坑里，给小树苗培土，最后慢慢地把水倒进坑里。

【迁移运用】

试着用"先""再""然后""最后"等表示顺序的词语，写写你制作一样手工艺品的过程。

第 2 课　妈妈睡了

运用总分构段，有利突出中心

【课文链接】

睡梦中的妈妈好累。妈妈的呼吸那么沉。她乌黑的头发粘在微微渗出汗珠的额头上。窗外，小鸟在唱着歌，风儿在树叶间散步，发出沙沙的响声，可是妈妈全听不到。她干了好多活，累了，乏了，她真该好好睡一觉。

【领悟写法】

《妈妈睡了》这篇课文分段描写了睡梦中的妈妈很美丽、很温柔，感受到妈妈的辛苦与劳累，每个自然段都是先总写睡梦中妈妈的特点，再分别描写，使妈妈的形象更丰满，让人亲近。

【读写结合】

我最喜欢的玩具是一只小乌龟公仔，它的样子十分可爱。这只小乌龟公仔是我七岁生日时妈妈送给我的礼物。它有一双圆溜溜的大眼睛，像两颗大珍珠。它的脑袋圆圆的，四肢粗短，看上去可爱极了！我太喜欢这只小乌龟公仔了，每天都抱着它睡觉。

【迁移运用】

运用先总写再具体描写的方法，写一写你喜欢的一个玩具或者文具。

第3课　黄山奇石

乘着想象翅膀,编织美丽故事

【课文链接】

在一座陡峭的山峰上,有一只"猴子"。它两只胳膊抱着腿,一动不动地蹲在山头,望着翻滚的云海。这就是有趣的"猴子观海"。

"仙人指路"就更有趣了!远远望去,那巨石真像一位仙人站在高高的山峰上,伸着手臂指向前方。

每当太阳升起,有座山峰上的几块巨石,就变成了一只金光闪闪的雄鸡。它伸着脖子,对着天都峰不住地啼叫。不用说,这就是著名的"金鸡叫天都"了。

黄山的奇石还有很多,像"天狗望月""狮子抢球""仙女弹琴"……那些叫不出名字的奇形怪状的岩石,正等你去给它们起名字呢!

【领悟写法】

《黄山奇石》是一篇以并列段落形式为主的介绍黄山奇石的文章。"猴子观海"和"仙人指路"同是以有趣为特点,在写法上却不一样。前者先写具体,再来总结;后者先总写有趣的特点,再进行详细的展开。

【读写结合】

在另一座山峰上,一位美丽的仙女正在弹着古琴,那声音美妙极了,吸引了许多小动物,这就是有趣的"仙女弹琴"。

"狮子抢球"就更有趣了,远远望去,就像两只狮子在抢一个彩球!

【迁移运用】

学习课文的写法,充分发挥想象,给那些叫不出名字的奇形怪状的岩石取个名字,并向大家介绍一下吧。

（田字格练习区）

第4课 葡萄沟

抓住事物特点，条理清晰具体

【课文链接】

葡萄种在山坡的梯田上。茂密的枝叶向四面展开，就像搭起了一个个绿色的凉棚。到了秋季，葡萄一大串一大串挂在绿叶底下，有红的、白的、紫的、暗红的、淡绿的，五光十色，美丽极了。要是这时候你到葡萄沟去，热情好客的维吾尔族老乡，准会摘下最甜的葡萄，让你吃个够。

【领悟写法】

画横线的这句话，抓住葡萄的数量和颜色，条理清晰地写出了葡萄的多和美。

【读写结合】

公园里的花都开了，有桃花、杏花、迎春花，五彩缤纷，美丽极了。

下课了，同学们在操场上活动，有的在踢毽子，有的在跳绳，还有的在打乒乓球……处处欢声笑语，热闹极了。

【迁移运用】

天上的云，千姿百态！有的……

<table>
<tr><td></td><td></td><td></td><td></td><td></td><td></td><td></td><td></td><td></td><td></td></tr>
<tr><td></td><td></td><td></td><td></td><td></td><td></td><td></td><td></td><td></td><td></td></tr>
<tr><td></td><td></td><td></td><td></td><td></td><td></td><td></td><td></td><td></td><td></td></tr>
<tr><td></td><td></td><td></td><td></td><td></td><td></td><td></td><td></td><td></td><td></td></tr>
<tr><td></td><td></td><td></td><td></td><td></td><td></td><td></td><td></td><td></td><td></td></tr>
</table>

第5课　坐井观天

学提示语运用,对话推动发展

【课文链接】

青蛙问小鸟:"你从哪里来?"

小鸟回答说:"我从天上来,飞了一百多里,口渴了,下来找点水喝。"

青蛙说:"朋友,别说大话了! 天不过井口那么大,还用飞那么远吗?"

小鸟说:"你弄错了。天无边无际,大得很哪!"

青蛙笑了,说:"朋友,我天天坐在井里,一抬头就能看见天。我不会弄错的。"

小鸟也笑了,说:"朋友,你是弄错了。不信,你就跳出井来看一看吧!"

【领悟写法】

本篇文章是寓言故事,全篇都以对话来推动故事情节的发展并刻画人物的性格特点。

特别是文章的最后一句"小鸟也笑了,说:'朋友,你是弄错了。不信,你就跳出井来看一看吧'",将故事引向未来,是一个非常好的运用对话写作的读写结合点。

【读写结合】

故事发展一:青蛙在小鸟的帮助下跳出了井口。

故事发展二:不管小鸟怎么劝青蛙就是不愿意跳出井口。

【迁移运用】

运用对话,注意提示语的位置,正确使用冒号和双引号。

注意在提示语中写一写人物的语调、神态和动作。

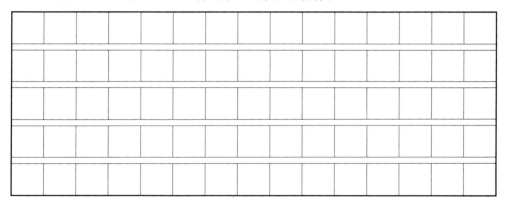

第6课　我要的是葫芦

领悟自然规律,按顺序写句子

【课文链接】

从前,有个人种了一棵葫芦。细长的葫芦藤上长满了绿叶,开出了几朵雪白的小花。花谢以后,藤上挂了几个小葫芦。多么可爱的小葫芦哇! 那个人每天都要去看几次。

有一天,他看见叶子上爬着一些蚜虫,心里想,有几个虫子怕什么! 他盯着小葫芦自言自语地说:"我的小葫芦,快长啊,快长啊! 长得赛过大南瓜才好呢! "

一个邻居看见了,对他说:"你别光盯着葫芦了,叶子上生了蚜虫,快治一治吧! "那个人感到很奇怪,他说:"什么? 叶子上的虫还用治? 我要的是葫芦。"

没过几天,叶子上的蚜虫更多了。小葫芦慢慢地变黄了,一个一个都落了。

【领悟写法】

本文是一篇寓言,讲述了从前有一个人种葫芦,不知道事物的发生和发展是有规律的,不从事物的整体来看待问题,不知道叶子和果实的关系,只盯着葫芦,不管叶子上的蚜虫,是不可能得到葫芦的故事。

课文第一自然段中的第二、第三句,描写了葫芦生长的自然规律。我们的描写顺序要符合事物生长的先后规律。

【读写结合】

老师送给全班小朋友每人几颗凤仙花的种子(事情的起因)。

播种—发芽—长叶—分杈—开花—结果(凤仙花生长的过程)。

【迁移运用】

观察凤仙花的生长规律,按顺序描写出来。

第7课　朱德的扁担

点缀环境描写,展现人物形象

【课文链接】

　　1928年,朱德同志带领队伍到井冈山,跟毛泽东同志会师了。红军在山上,山下不远处就是敌人。

　　红军要坚守井冈山根据地,粉碎敌人的围攻,必须储备足够的粮食。井冈山上生产粮食不多,常常要抽出一些人到茅坪去挑粮。从井冈山上到茅坪,有五六十里,山高路陡,非常难走。可是每次挑粮,大家都争着去。

　　朱德同志也跟战士们一道去挑粮。他穿着草鞋,戴着斗笠,挑起满满的一担粮食,跟大家一块儿爬山。战士们想,朱德同志工作那么忙,还要翻山越岭去挑粮,累坏了怎么办?大家劝他不要去挑,他不肯。有个同志就把他那根扁担藏了起来。不料,朱德同志连夜又赶做了一根扁担,并写上了"朱德记"三个字。大家见了,越发敬爱朱德同志,不好意思再藏他的扁担了。

【领悟写法】

　　文中画横线的句子于细微之处见精神,语言简洁平实,娓娓道来。画横线的句子通过描写挑粮之路的艰辛不易,突显了战士们不怕困难、争相挑粮的勇气和热情。在文章中加入适当的环境描写,有利于表达人物的精神品质,进一步刻画人物形象。

【读写结合】

　　狂风夹着大雨扑面而来,路边的小树被吹得东倒西歪,好像随时可以让它们消失。她却依然撑着伞,费力地守护着她的"宝贝"……

【迁移运用】

用一段话描述你心中最敬爱的人,加以环境描写,使他(她)的形象更加生动。

第9课　难忘的泼水节

抓住细节描写,丰富人物形象

【课文链接】

1961 年的泼水节,傣族人民特别高兴,因为敬爱的周恩来总理和他们一起过泼水节。

那天早晨,人们敲起象脚鼓,从四面八方赶来了。为了欢迎周总理,人们在地上撒满了凤凰花的花瓣,好像铺上了鲜红的地毯。一条条龙船驶过江面,一串串花炮升上天空。人们欢呼着:"周总理来了!"

周总理身穿对襟白褂,咖啡色长裤,头上包着一条水红色头巾,笑容满面地来到人群中。他接过一只象脚鼓,敲着欢乐的鼓点,踩着凤凰花铺成的"地毯",同傣族人民一起跳舞。

开始泼水了。周总理一手端着盛满清水的银碗,一手拿着柏树枝蘸了水,向人们泼洒,为人们祝福。傣族人民一边欢呼,一边向周总理泼水,祝福他健康长寿。

清清的水,泼啊,洒啊! 周总理和傣族人民笑啊,跳啊,是那么开心!

多么幸福啊,1961 年的泼水节!

多么令人难忘啊,1961 年的泼水节!

【领悟写法】

　　文中画横线的段落通过外貌、动作两方面的细节描写，将周总理身穿傣族服装，同傣族人民一起敲鼓跳舞、互相泼水送祝福的热闹场面描写得淋漓尽致，从细节中让我们感受到一个平易近人、与民同乐的周总理形象，体会到了周总理与傣族人民心连心的深厚情谊。在写作中，抓住生活中具体而细微的典型情节，加以生动而细致的描写，渗透到对人物的描写中，可以使人物形象更加丰满，增强文章的真实感，突出文章的中心。

【读写结合】

　　小白兔长着一身雪白的毛，像个白雪球。它的耳朵长长的，总是竖得高高的。它的三瓣嘴就像一个小小的三角形。它有一对像宝石一样的红眼睛，一眨一眨，好可爱。小白兔尾巴短短的，只有小指头那么长，真是兔子的尾巴长不了。

　　小白兔爱吃白菜、青草，更爱吃胡萝卜。小白兔吃胡萝卜最有意思。它一口一口地撕咬着，小胡须也一翘一翘的。一对红眼睛盯着人看，好像怕人抢了似的。

　　小白兔胆子很小，很怕生人，如果离它近一点，它就马上离开，跑到别的地方去。

【迁移运用】

　　请用不同的动词，将自己或者小伙伴做手工的过程描写下来。

第9课　雾在哪里

巧妙运用想象,展开故事情节

【课文链接】

　　从前有一片雾,他是个又淘气又顽皮的孩子。

　　"我要把大海藏起来。"于是,他把大海藏了起来。无论是海水、船只,还是蓝色的远方,都看不见了。

　　"现在我要把天空连同太阳一起藏起来。"于是,他把天空连同太阳一起藏了起来。霎时,四周变暗了,无论是天空,还是天空中的太阳,都看不见了。

　　雾来到岸边。

　　"现在我要把海岸藏起来。"雾把海岸藏了起来,同时也把城市藏了起来。房屋、街道、树木、桥梁,甚至行人和小黑猫,雾把一切都藏了起来,什么都看不见了。

　　他躲在城市的上空,说道:"我该把谁藏起来呢?"看来,再也没有可藏的了。

　　"我要把自己藏起来。"雾把自己藏了起来。

　　不久,大海连同船只和远方,天空连同太阳,海岸连同城市,街道连同房屋和桥梁,都露出来了。

　　路上走着行人。小黑猫也出现了,它摇着黑尾巴,悠闲地散步。

　　雾呢? 不知消失到哪里去了。

【领悟写法】

　　通过想象巧妙地编写故事,首先,要让自己进入情景或拟定的事物中,根据自己的生活经验来深入理解,并写出故事的主要内容。其次,想象画面和故事背后的东西。故事发生之前是什么情况,结果可能是什么样的,会说什么话,有怎样的心理活动。

　　作者联系生活实际,展开了丰富的想象,将雾写成一个淘气又顽皮的孩子:"我要把大海藏起来。""现在我要把天空连同太阳一起藏起来。""现在我要把海岸藏起来。""我要把自己藏起来。"

【读写结合】

"我要把秋雨藏起来。"于是,他把秋雨藏了起来。霎时,秋天五彩缤纷的颜料没了,无论是红苹果、黄橘子,还是紫色的葡萄,都看不见了。

【迁移运用】

插上想象的翅膀,写一写春雨去哪了。

第10课　雪孩子

不管事情大小,有头尾有过程

【课文链接】

雪,下个不停,一连下了好几天。

这天早上,天晴了,兔妈妈要出门去。小白兔嚷起来:"妈妈,妈妈,我也要去!"

兔妈妈说:"好孩子,妈妈有事,你不能跟着去。"兔妈妈在门外的空地上给小白兔堆了个雪孩子。小白兔有了小伙伴,就不跟妈妈去了。

小白兔跳舞给雪孩子看,唱歌给雪孩子听。他玩累了,就回家去睡午觉。"屋子里真冷,赶紧往火堆里添把柴吧!"

小白兔添了柴,把火烧得旺旺的,屋子里渐渐暖和了。他躺在床上,闭上眼睛,一会儿就睡着了。

火越烧越旺。哎呀,火把旁边的柴堆烧着了!小白兔睡得正香,他一点儿也不知道。

"不好了!小白兔家着火了!"雪孩子看见从小白兔家的窗户里冒出黑烟,蹿出火星,他一边喊,一边向小白兔家奔去。

"小白兔,小白兔!你在哪里?"雪孩子冲进屋里,冒着呛人的烟、烫人的火,找哇找哇,终于找到了小白兔。他连忙把小白兔抱起来,跑到屋外。

小白兔得救了,雪孩子却浑身水淋淋的。

这时候,树林里的小猴子、小山羊都赶来救火了。不一会儿,大家就把火扑灭了。

兔妈妈回来了,激动地说:"谢谢大家来救火,救了小白兔,谢谢大家!"

"咦,是谁救了小白兔?"小动物们说,"真得谢谢他呢!"

这时,救小白兔的雪孩子不见了。他已经化成水了。

不,雪孩子还在呢!瞧,太阳晒着晒着,他变成了很轻很轻的水汽。飞呀,飞呀,飞上天空,变成了一朵白云,一朵美丽的白云。

【领悟写法】

本文讲述了一个冬天,兔妈妈堆了一个雪孩子陪小白兔玩,后来,雪孩子为救小白兔,奋不顾身冲进着火的房子里,融化了自己的故事。一个完整的故事一般包括时间、地点、人物、起因、经过和结果六个要素。六个要素不一定要面面俱到,但要交代清楚事情的前因后果。"麻雀虽小,五脏俱全。"即使写一件小事,也要有"头""身子"和"尾巴"。

【读写结合】

放学后,我叫齐值日团队,分配好任务,大家就七手八脚地干了起来。有的擦黑板,有的擦桌子,还有的扫地……不一会儿,我们就把教室打扫得干干净净了。大家看着整洁的教室,心里比吃了蜜还甜。

事情发生的时间:放学后。

人物:我和值日生。

事情的开头:我叫齐值日团队,分配好任务,大家就七手八脚地干了起来。

事情的经过:有的擦黑板,有的擦桌子,还有的扫地。

事情的结果:不一会儿,我们就把教室打扫得干干净净了。

我们的感受:大家看着整洁的教室,心里比吃了蜜还甜。

【迁移运用】

下面句子的顺序被打乱了,请你开动脑筋,将下面的短语重新排成一句完整的话,让它有"头",有"身子",有"尾巴"。

放学了　　跑出校门　　冲向车辆　　风风火火地取出车子　　往家赶
急急忙忙地　　一向磨磨蹭蹭的我

第11课　狐狸分奶酪

人物张口说话,提示语巧运用

【课文链接】

熊哥哥和熊弟弟在路上捡到了一块奶酪,高兴极了。可是,他们不知道怎么分这块奶酪,小哥儿俩开始拌起嘴来。

这时有只狐狸跑了过来。

"小家伙们,你们吵什么呀?"狐狸问道。

"我们有块奶酪,不知道该怎么分。"熊弟弟对狐狸说。

"这事好办,我来帮你们分吧!"狐狸笑了笑,把奶酪拿过来掰成了两半。

"你分得不匀!"小哥儿俩嚷着,"那半块大一点儿。"

狐狸仔细瞧了瞧掰开的奶酪,说:"真的,这半块是大一点儿。你们别急,看我的——"说着便在大的这半块上咬了一口。

"可是现在没咬过的那半块又大了一点儿!"两只小熊又嚷了起来。

于是,狐狸在那半块上咬了一口,结果第一个半块又大了点儿。狐狸就这样不停地咬着两半块奶酪。咬着咬着,奶酪全被他吃光了,一点儿也没剩下。

"你可真会分!"两只小熊生气了,"整块奶酪都被你吃光了!"

"小熊,我分得可公平啦!"狐狸笑着说,"你们谁也没多吃一口,谁也没少吃一口。"

【领悟写法】

语言描写分两个部分:提示语和语言。提示语就是一个人在说话时的表情与动作,可以让语言描写更生动。提示语的位置可以灵活把握。在写语言的时候,要记住一条原则:什么人说什么话。人物的年龄、身份、性格不同,说话的特点也就不同,所以语言描写要做到写谁像谁,让人物张开自己的嘴巴说话。

【读写结合】

船夫说:"小朋友,你要掌握好方向,握好船舵,才能更好地前进。"

裁缝说:"孩子,你要一针一线,脚踏实地,才能取得好成就。"

厨师说:"小朋友,你要像好菜一样,色香味俱全,才能获得别人的夸奖。"

销售员说:"孩子,外表好看不是最重要的,重要的是实用,这样才能让顾客满意。"

船夫、裁缝、厨师和销售员一起教育一个小孩,他们说的话符合各自的身份。

【迁移运用】

唐僧师徒四人去西天取经。有一天,他们来到了一处荒郊野外,又饥又渴,于是分头去寻找食物。真巧,他们同时看见了一个绿油油的大西瓜。见到这个大西瓜,他们分别会说什么呢?针对这个情境,请各写两句话,要符合他们的性格。

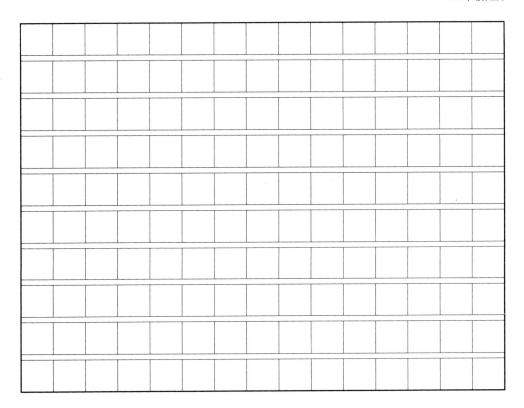

第12课　纸船与风筝

按顺序写事情，读起来才流畅

【课文链接】

松鼠和小熊住在一座山上。松鼠住在山顶，小熊住在山脚。山上的小溪往下流，正好从小熊的家门口流过。

……

纸船和风筝让他们俩成了好朋友。

可是有一天，他们俩为了一点小事吵了一架。山顶上再也看不到飘荡的风筝，小溪里再也看不到漂流的纸船了。

……

　　傍晚,松鼠看见一只美丽的风筝朝他飞来,高兴得哭了。他连忙爬上屋顶,取下纸船,把一只只纸船放到了小溪里。

【领悟写法】

　　说话、写话都需要按照一定的顺序,否则就会显得杂乱无章。写作的顺序通常分三种:按时间先后顺序、按照整体与部分的顺序以及按事情发展的顺序。读《纸船与风筝》,看看它是按照什么顺序讲故事的。我们也要按照一定的顺序来写话,这样,写出来的话读起来才会流畅。

【读写结合】

　　按照时间先后顺序:早、中、晚或春、夏、秋、冬等写一段话。

　　按照整体与部分的顺序:从整体到部分或从部分到整体写一写《我最喜欢的游戏》。

　　按事情发展的顺序:先交代清楚事件发生的起因,然后写事情的经过,最后告知事件的结果,写一写我和好朋友之间的小故事。

【迁移运用】

　　你能将下面的词语串联成两三句话吗?开动你的脑筋,拿起你的笔试一试吧。

　　先　　　然后　　　最后　　　我　　　小树苗　　　水　　　小心翼翼地　　　慢慢地
挖了一个大坑　　　插在坑里　　　给小树苗培土　　　倒进土里　　　把

二年级（下）

第1课 找春天

学会展开联想,学会写比喻句

【课文链接】

小草从地下探出头来,那是春天的眉毛吧?

早开的野花一朵两朵,那是春天的眼睛吧?

树木吐出点点嫩芽,那是春天的音符吧?

解冻的小溪叮叮咚咚,那是春天的音符吧?

【领悟写法】

孩子们在田野上找春天,多么开心和兴奋呀!草地上、树枝上、小溪里,到处有春天来到的消息。

在写作中,要抓住生活中具体而细微的典型情节,通过细致的观察,将看到的、听到的新事物与自己熟悉的事物联系起来,用有趣的修辞手法——比喻,进行生动而有趣的描写。

【读写结合】

东山的太阳微微露出身影,风暖暖地吹,我们的校园静悄悄,耳边有小鸟啾啾的歌声,它在召唤——"我们的校园到处都有美的风景。"

碧绿的草坪,那是张开的双臂,迎接着孩子们的到来;橘红的跑道,那是学校的血管吧,那里流淌着的是孩子们的欢笑和汗水……

【迁移运用】

我们去校园,找找美的足迹。

（空格稿纸）

第2课　邓小平爷爷植树

连续动作描写，细致准确观察

【课文链接】

1985年的植树节，是个令人难忘的日子。

这天，万里无云，春风拂面。在天坛公园植树的人群里，81岁高龄的邓小平爷爷格外引人注目。只见他手握铁锹，兴致勃勃地挖着树坑，额头已经布满汗珠，仍不肯休息。

一个树坑挖好了，邓爷爷挑选了一棵苗壮的柏树苗，小心地移入树坑，又挥锹填了几锹土。他站到几步之外仔细看看，觉得不很直，连声说："不行，不行！"又走上前把树苗扶正。

一棵绿油油的小柏树栽好了，就像战士一样笔直地站在那里。邓爷爷的脸上露出了满意的笑容。

今天，邓小平爷爷亲手栽种的柏树已经长大了，"小平树"成了天坛公园一处美丽的风景。

【领悟写法】

课文中画横线的句子，描写了邓小平爷爷植树时的情景，先是细致的观察，再是准确的描写。在描写过程中主要抓住植树的动作,将动作按照事情发生的先后顺序准确地描写出来。要完整有条理地写出一列系动作,必须学会细致的观察,才能把动作的先后顺序写出来。

【读写结合】

我看了一下作业"帮妈妈洗衣服",很有趣。我想妈妈天天洗这么多衣服,多辛苦,我应该帮她。说干就干,我来到阳台,那里有几件脏衣服要洗。

我先戴上围裙,拿起脏衣服泡到水里……

【迁移运用】

在家里,你一定会做一些力所能及的家务活,比如洗衣服、洗碗、拖地、整理房间……请用上表示连续动作的词,写一写你所做的事情。

第3课 雷锋叔叔,你在哪里

学会想象画面,用动词写诗句

【课文链接】

沿着长长的小溪,

寻找雷锋的足迹。

雷锋叔叔,你在哪里,

你在哪里？

小溪说：

昨天,他曾路过这里,

抱着迷路的孩子,

冒着蒙蒙的细雨。

瞧,那泥泞路上的脚窝,

就是他留下的足迹。

顺着弯弯的小路,

寻找雷锋的足迹。

雷锋叔叔,你在哪里,

你在哪里？

小路说：

昨天,他曾路过这里,

背着年迈的大娘,

踏着路上的荆棘。

瞧,那花瓣上晶莹的露珠,

就是他洒下的汗滴。

乘着温暖的春风,

我们四处寻觅。

啊,终于找到了——

哪里需要献出爱心,

雷锋叔叔就出现在哪里。

【领悟写法】

读画横线的句子,想象画面,再根据课文内容,用自己的话说一说,写一写诗句。

【读写结合】

沿着长长的小溪,

冒着蒙蒙的细雨，

雷锋叔叔……

顺着弯弯的小路，

踏着路上的荆棘，

雷锋叔叔……

【迁移运用】

请你查阅课外书，去寻找雷锋叔叔的足迹，并将雷锋的事迹用诗句写一写。

第4课　一匹出色的马

我口叙述我心，写精彩的对话

【课文链接】

妹妹求妈妈抱她："我很累，走不动，抱抱我。"

妈妈摇摇头，回答说："不行啊，我也很累，抱不动你了。"

她松开我的手，从路边的柳树下，拾起一根又细又长的枝条，把它递给了妹妹，说："这是一匹出色的马，你走不动了，就骑着它回家吧。"

她已经在家门口迎接我们，笑着说："我早回来啦！"

【领悟写法】

　　对话是表现文章中人物特点的重要手段。很多同学都很苦恼,写文章的时候,老师要求的字数老是达不到,其实秘密就在于写好对话。

　　写对话时要学会分段,这样文章条理会更加清晰。文章的对话,离不开提示语,交代人物的动作、神态、表情,人物就生动地活在了你的文章里了。

【读写结合】

　　"姐姐! 那有一个果子!"弟弟看见一棵树上有一个果实,便跑去摘。我认出来了,那是一个未长熟的杏儿。

　　"哪家的孩子? 把我家的果子偷了? 呀! 还折断了树枝!"

　　弟弟惹祸了,低着头走回了家。一进家门,他换了副表情,笑嘻嘻地对姑妈说:"妈妈! 我给您讲个故事,华盛顿小时……"

　　"别废话,华盛顿砍树我知道!"

　　弟弟板着脸,装出一副一本正经的样子:"这个故事告诉我们,知错就改还是好孩子! 华盛顿的爸爸为儿子自豪……妈妈!"弟弟做了个鬼脸,小心地探问:"我是说……如果您也有个华盛顿一样知错就改的儿子,您不但不会生气,反而会为他自豪! 对吧?"

　　姑妈被弟弟绕糊涂了,说:"是啊! 怎么了?"

　　弟弟心中的石头落地了,放心大胆地说:"那么恭喜您了,您也有这样一个儿子,他犯了错,但他知错……"

　　姑妈终于明白了,脸色大变,吼道:"你又惹什么麻烦啦?"

【迁移运用】

　　请你根据下面的提示,想象写一段人物之间的对话。

　　今天下课的时候,小明在操场玩,一不小心从单杠上掉下来,手上和腿上都有伤口,流了很多血。小刚连忙到办公室去请老师帮忙。……

<table>
<tr><td></td><td></td><td></td><td></td><td></td><td></td><td></td><td></td><td></td><td></td><td></td><td></td><td></td></tr>
<tr><td></td><td></td><td></td><td></td><td></td><td></td><td></td><td></td><td></td><td></td><td></td><td></td><td></td></tr>
<tr><td></td><td></td><td></td><td></td><td></td><td></td><td></td><td></td><td></td><td></td><td></td><td></td><td></td></tr>
<tr><td></td><td></td><td></td><td></td><td></td><td></td><td></td><td></td><td></td><td></td><td></td><td></td><td></td></tr>
<tr><td></td><td></td><td></td><td></td><td></td><td></td><td></td><td></td><td></td><td></td><td></td><td></td><td></td></tr>
</table>

第5课　彩色的梦

展开丰富想象,用童心写童诗

【课文链接】

脚尖滑过的地方,

大块的草坪,绿了;

大朵的野花,红了;

大片的天空,蓝了;

蓝——得——透——明!

在葱郁的森林里,

雪松们拉着手,

请小鸟留下歌声。

小屋的烟囱上,

结一个苹果般的太阳,

又大——又红!

【领悟写法】

《彩色的梦》是一首充满童真、稚趣的儿童诗,描写了小朋友用彩色铅笔在白纸上画画时的丰富想象,表现了儿童对大自然的赞美与向往。诗歌第一小节运用排比的句式,让语言富有韵律,读起来朗朗上口。

第二小节想象新奇独特,运用拟人的手法,融合嗅觉、触觉、视觉、听觉的多重感受,把梦境描绘得栩栩如生。

【读写结合】

脚尖滑过的地方,

大片的沙滩,黄了;

大朵的浪花,白了;

大片的海水,蓝了;

蓝——得——深——邃!

在苍茫的大海上,

成群的海鸥展翅飞翔,

护送远游的轮船。

金色的沙滩上,

散落着五光十色的贝壳,

又多——又美!

【迁移运用】

你想用彩色铅笔画些什么呢? 它是什么样子的? 仿照上面一个小节把想画的内容用几句话说一说,然后再写下来。

第6课　沙滩上的童话

用好短语动词，巧妙创编故事

【课文链接】

海边的沙滩是我们的快乐天地。

在沙堆上，我们垒起城堡，城堡周围筑起围墙，围墙外再插上干树枝，那是我们的树。

不知道谁说了一句："这城堡里住着一个凶狠的魔王。"

有人接着补充："他抢去了美丽的公主！"

第三个小伙伴说："你们快听，公主在城堡里哭呢！"

就这样，我们编织着童话。

转眼间，我们亲手建造的城堡成了一座魔窟，我们也成了攻打魔窟的勇士。

我们一起商量怎样攻下那座城堡。

一个小伙伴说："我驾驶飞机去轰炸。"

有人反驳："那时候还没有飞机呢！"

我说："挖地道，从地下装上火药，把城堡炸平。"

我的办法得到了大家的赞赏。于是我们趴在沙滩上，从四面八方挖着地道。

挖呀，挖呀，我们终于挖到了城堡下面，然后用手往上一抬，就把城堡给轰塌了。

我们欢呼着胜利，欢呼着炸死了魔王，欢呼着救出了公主。

但公主在哪儿？

忽然，我发现妈妈就站在我们身后，微笑着望着我们。

我大声说："公主被我们救出来了，救出来了！在这儿，在这儿！"我抱住了妈妈。

大家跟着一起叫喊着，欢呼着。

真的，那时候，连我也忘记了她是我的妈妈！

【领悟写法】

《沙滩上的童话》描述了一群孩子在海边的沙滩上修筑城堡，并编织美丽童话的故事，表现了孩子们纯真的童心、快乐的生活。文中出现了许多像"垒起城堡""插上干树枝""攻打魔窟""驾驶飞机""装上火药"等这样的短语，动词的使用十分准确、规范。

【读写结合】

从前，有一座大山，山里有座魔窟，里面住着个一个凶恶的魔王。有一天，魔王抢走了美丽的公主，要公主做他的妻子。公主不同意，就被魔王关在了黑暗的山洞里。公主很害怕，伤心地哭了起来。有个勇士听见了公主的哭声，就带着美酒、水果、烤鸡等很多好吃的食物，来到了魔窟，说是祝贺魔王抢到了这么漂亮的公主。魔王很高兴，大口地喝酒。不一会儿，魔王就晕倒了。原来，酒里被勇士下了蒙汗药。勇士制服了魔王，从山洞里救出了公主。

【迁移运用】

文中的小伙伴们用挖地道、炸城堡的方法救出了公主，还能用什么办法救公主呢？ 根据开头编故事，试着用上下面的词语：

开头一：在一片沙漠里，有……

开头二：从前，有一座大山……

| 城堡 | 堡垒 | 凶狠 | 凶恶 | 攻打 | 进攻 |
| 火药 | 炸药 | 赞赏 | 赞美 | 合力 | 合作 |

第7课　寓言二则

学习讲述故事，巧妙填补留白

【课文链接】

街坊劝他说："赶快把羊圈修一修，堵上那个窟窿吧！"

他说："羊已经丢了，还修羊圈干什么？"

第二天早上，他去放羊，发现羊又少了一只。原来狼又从窟窿钻进去，把羊叼走了。

他很后悔没有听街坊的劝告，心想，现在修还不晚。他赶紧堵上那个窟窿，把羊圈修得结结实实的。从此他的羊再也没有丢过。

【领悟写法】

有许多课文都出现了故意的留白，有的是刻意不写文章某些内容，有的则是将文章内容写得相对简单和含蓄，目的在于让人读后，脑子里留下拓展想象的空间，以此延伸我们的思维。

《亡羊补牢》这则寓言故事中街坊两次劝主人后，其实主人内心有自己的想法，这里是情节的空白，同学们可以想象补充。

【读写结合】

街坊劝他说："赶快把羊圈修一修，堵上那个窟窿吧！"

他想：羊已经丢了，今天天色已晚，劳累了一天，还是赶紧休息吧。再说了，狼已经叼走一只羊了，吃得饱饱的，我猜它这几天不回来。他笑着说："羊已经丢了，还修羊圈干什么？"

【迁移运用】

第二次街坊劝他，他是怎么想的？请你发挥合理的想象，接着往下写。

<table>
<tr><td></td><td></td><td></td><td></td><td></td><td></td><td></td><td></td><td></td><td></td><td></td><td></td></tr>
<tr><td></td><td></td><td></td><td></td><td></td><td></td><td></td><td></td><td></td><td></td><td></td><td></td></tr>
<tr><td></td><td></td><td></td><td></td><td></td><td></td><td></td><td></td><td></td><td></td><td></td><td></td></tr>
<tr><td></td><td></td><td></td><td></td><td></td><td></td><td></td><td></td><td></td><td></td><td></td><td></td></tr>
<tr><td></td><td></td><td></td><td></td><td></td><td></td><td></td><td></td><td></td><td></td><td></td><td></td></tr>
</table>

第9课　小马过河

学习复述故事,巧用矛盾推进

【课文链接】

马棚里住着一匹老马和一匹小马。

有一天,老马对小马说:"你已经长大了,能帮妈妈做点事吗?"小马连蹦带跳地说:"怎么不能? 我很愿意帮您做事。"老马高兴地说:"那好啊,你把这半口袋麦子驮到磨坊去吧。"

小马驮起口袋,飞快地往磨坊跑去。跑着跑着,一条小河挡住了去路,河水哗哗地流着。小马为难了,心想:我能不能过去呢? 如果妈妈在身边,问问她该怎么办,那多好啊! 可是他离家已经很远了。

小马向四周望望,看见一头老牛在河边吃草,小马嗒嗒嗒嗒跑过去,问道:"牛伯伯,请您告诉我,这条河,我能蹚过去吗?"老牛说:"水很浅,刚没小腿,能蹚过去。"

小马听了老牛的话,立刻跑到河边,准备蹚过去。突然,从树上跳下一只松鼠,拦住他大叫:"小马! 别过河,别过河,你会淹死的!"小马吃惊地问:"水很深吗?"松鼠认真地说:"深得很哩! 昨天,我的一个伙伴就掉在这条河里淹死的!"

小马连忙收住脚步,不知道怎么办才好。他叹了口气说:"唉! 还是回家问问妈

74

妈吧！"

　　小马甩甩尾巴，跑回家去。妈妈问："怎么回来啦？"小马难为情地说："有一条河挡住了去路，我……我过不去。"妈妈说："那条河不是很浅吗？"小马说："是啊！牛伯伯也这么说。可是松鼠说河水很深，还淹死过他的伙伴呢！"妈妈说："那么河水到底是深还是浅？你仔细想过他们的话吗？"小马低下了头，说："没……没想过。"妈妈亲切地对小马说："孩子，光听别人说，自己不动脑筋，不去试试，是不行的。河水是深是浅，你去试一试就知道了。"

　　小马跑到河边，刚刚抬起前蹄，松鼠又大叫起来："怎么？你不要命啦！"小马说："让我试试吧！"他下了河，小心地蹚到了对岸。原来河水既不像老牛说的那样浅，也不像松鼠说的那样深。

【领悟写法】

　　矛盾是推动故事情节向前发展的主要因素。在寓言故事《小马过河》中就几次使用了矛盾冲突——老牛和小松鼠的矛盾、小马的心理矛盾——推动了故事情节的发展。

【读写结合】

　　松鼠和老牛看着小马小心翼翼地过了河，河水既不像松鼠说的那样深，也不像老牛说的那样浅，刚刚没到小马的肚子。松鼠和老牛都很不好意思，觉得是自己不好，骗了小马，从此看见小马就躲得远远的。

【迁移运用】

　　小马看老牛和松鼠都躲着自己，很纳闷。你能帮助小马吗？把你的想法写下来。

第9课　雷雨

学会仔细观察,抓住细节描写

【课文链接】

满天的乌云,黑沉沉地压下来。树上的叶子一动也不动,蝉一声也不叫。

忽然一阵大风,吹得树枝乱摆。一只蜘蛛从网上垂下来,逃走了。

闪电越来越亮,雷声越来越响。

哗,哗,哗,雨下起来了。

雨越下越大,往窗外望去,树哇,房子啊,都看不清了。

渐渐地,渐渐地,雷声小了,雨声也小了。

天亮起来了。打开窗户,清新的空气迎面扑来。

雨停了。太阳出来了。一条彩虹挂在天空。蝉叫了,蜘蛛又坐在网上。池塘里的水满了,青蛙也叫起来了。

【领悟写法】

本文通对乌云、树上的叶子、蝉、大风、蜘蛛、闪电、雷声的描写,将雷雨前各种自然事物的特有表现细致地描写下来。从细节描写中,我们感受到,雷雨要来了,大自然早有各种各样的征兆,像侦察兵一样,提早告诉我们消息。

生活中处处有知识,只要善于观察,做个有心人,就能在写作中抓住具体而细微的典型情节,将发生的事情描写出来。

【读写结合】

风暖暖地吹,小河上结的冰很薄很薄了,我们都能听到河水在薄冰下叮叮咚咚的歌声;河边的柳枝柔柔地随风摆动;扒开枯黄的草叶,钻出地面的小绿芽,一点两点……多得数不清。冬天就要过去,春天还会远吗?

【迁移运用】

擦亮你的眼睛,到公园里找一找秋天的足迹,用笔描述每个景物不一样的特点。

第10课　太空生活趣事多

感知总分结果,学会有序表达

【课文链接】

你知道宇航员在太空中怎样生活吗? 说起来还挺有趣呢!

在宇宙飞船里,站着睡觉和躺着睡觉一样舒服。不过,要想睡上一个安稳觉,宇航员必须把自己绑在睡袋里。不然,翻一个身,就会飘到别处去了。

喝水的时候,如果用普通的杯子,即使把杯子倒过来,水也不会往下流。因为在宇宙飞船里,水失去了重量。宇航员要想喝到水,得使用一种带吸管的饮水袋。

在宇宙飞船里走路更有趣。人稍一用力碰到舱体就会飘到半空中,咳嗽一声就有可能后退好几步。为了能平稳地走路,宇航员都穿鞋底带钩的鞋子,好牢牢地钩住带网格的地板。

在宇宙飞船里洗澡可不是一件容易的事,从喷头喷出的水总是飘浮在空中。为了解决这个难题,科学家把淋浴室做成一个密封浴桶,或是一个密封浴罩,在淋浴室下边安装吸管,它可以把喷头喷出来的水朝一个方向吸。另外,宇航员还需要把双脚固定起来,否则水一冲,就得翻跟头。

你看,在太空中生活,是不是很有趣?

【领悟写法】

《太空生活趣事多》是典型的总分结构的文章。总写有趣,分述睡觉、喝水、走路、洗澡都很有趣,结尾说明有趣。

学习课文,使我们初步感知到,这样的表达方法,能有条理地写清楚要表述的事实。

【读写结合】

除夕真热闹。家家赶做年夜饭,到处是酒肉的香味。男女老少都穿起新衣,门外贴上了红红的对联,屋里贴好了各色的年画,除夕夜家家灯火通宵,不许间断,鞭炮声日夜不绝。在外边做事的人,除非万不得已,必定赶回家来吃团圆饭。这一夜,除了很小的孩子,没有什么人睡觉,都要守岁。

【迁移运用】

妈妈一定对你很好,哪些方面好呢? 请你试着用总分的段落结构来写一写。

第11课　蜘蛛开店

理清故事情节,续编精彩故事

【课文链接】

有一只蜘蛛,每天蹲在网上等着小飞虫落在上面,好寂寞,好无聊啊!

蜘蛛决定开一家商店。卖什么呢? 就卖口罩吧,因为口罩织起来很简单。

于是,蜘蛛在一间小木屋外面挂了一个招牌,上面写着:"口罩编织店,每位顾客只需一元钱。"

顾客来了,是一只河马。河马嘴巴那么长,口罩好难织啊,蜘蛛用了一整天的工夫,终于织完了。

晚上,蜘蛛想:还是卖围巾吧,因为围巾织起来很简单。

第二天,蜘蛛的招牌换了,上面写着:"围巾编织店,每位顾客只需一元钱。"

顾客来了,只见身子不见头。蜘蛛向上一看,原来是一只长颈鹿,他的脖子和大树一样高,脑袋从树叶间露出来,正对着蜘蛛笑呢。

蜘蛛织啊织,足足忙了一个星期,才织完那条长长的围巾。

【领悟写法】

这篇童话故事根据动物的不同特点,河马嘴大、长颈鹿脖子长,巧妙构思故事。想象丰富,情节吸引人,将动物赋予人的感情、人的生活,符合童话故事的特点。

【读写结合】

小音符又来到了嘟嘟城里,看到小朋友们在"金话筒·梦舞飞扬"的舞台上准备唱歌比赛,它情不自禁地变成了一首首好听的歌曲,它听着孩子们唱着美妙的曲子,它感到很高兴,带着微笑离开了。

小音符离开了嘟嘟城,又来到了海边的沙滩上,看见一个小男孩摔倒在哭,旁边的小女孩走过来,把小男孩扶起来,但是小男孩还在哇哇大哭,小音符走过去对小女孩说："拿出你背包里的音乐盒。"小女孩听了马上拿了出来，小音符跳进音乐盒里，唱起了一首美妙的歌曲。小男孩听到音乐，顿时破涕为笑，小音符又满意地走了。

小音符又来到小河边给鱼儿唱小溪的歌，来到树林里为百灵鸟开音乐演唱会伴奏，来到田野里为农民伯伯喊起"嘿哟嘿哟"的号子……

【迁移运用】

蜘蛛开店很有趣，如果小蜜蜂、小蚂蚁、老虎、黑熊等动物到蜘蛛开的店里去，又会发生怎样的故事呢？请展开合理的想象，接着编故事。

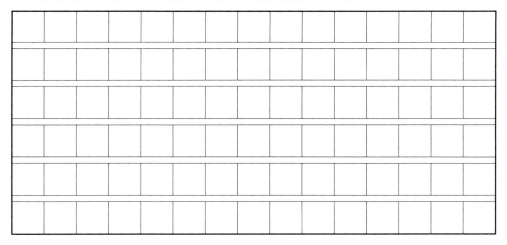

第12课 小毛虫

分解人物动作，让人物动起来

【课文链接】

小毛虫一刻也没有迟疑，尽心竭力地工作着。它织啊，织啊，最后把自己从头到脚裹进了温暖的茧屋里。

"以后会怎样呢？"它在与世隔绝的茧屋里问。

"万事万物都有自己的规律！"小毛虫听到一个声音在回答，"你要耐心等待，以后会明白的。"

时辰到了,它清醒了过来,再也不是以前那条笨手笨脚的小毛虫。它灵巧地从茧子里挣脱出来,惊奇地发现自己身上生出了一对轻盈的翅膀,上面布满色彩斑斓的花纹。它愉快地舞动了一下双翅,如绒毛一般,从叶子上飘然而起。它飞啊飞,渐渐地消失在蓝色的雾霭之中。

【领悟写法】

选文最后一节,运用一系列的动作描写,把小毛虫从茧子里挣脱出来的过程写得很具体。每个动作可以用一个表示动作的词来写,运用准确的动词,把大动作分解成一个个小动作,就可以让人物更加生动形象起来。

【读写结合】

一次上音乐课,刘老师先摆摆手,示意我们坐下来。然后小心翼翼地掀起琴盖,坐了下来,轻轻地把十指放在琴键上,悄悄地闭上眼睛。随着伴奏响起,刘老师又熟练地按起了琴键……弹到了曲子的高潮,刘老师显得越来越激动,脸红红的,十分兴奋,还摇头晃脑的。

【迁移运用】

日常生活中,老师上课、爸爸喝酒、爷爷喝茶、妈妈化妆、奶奶跳广场舞……都是由一个个小动作组成一个完整的大动作,请你仔细观察,选择其中一个镜头写一写。

（空白方格稿纸）

第13课　祖先的摇篮

让心灵找回家，学习童诗创作

【课文链接】

......

我们的祖先，

可曾在

这些大树上，

摘野果、

掏鹊蛋？

可曾在

那片草地上，

和野兔赛跑、
看蘑菇打伞？

那时候
孩子们
也在这里
逗小松鼠、
采野蔷薇吗？
也在这里
捉红蜻蜓、
逮绿蝈蝈吗？
……

【领悟写法】

儿童诗容易让心灵找到回家的路，可以令你拭去凡尘，涤荡内心的艰辛，快乐不时地涌上来，像一条久违的河流在无声流淌。例如文中"逗小松鼠、采野蔷薇吗？也在这里捉红蜻蜓、逮绿蝈蝈吗"，运用排比手法表现节奏，用同一个词或同一种句型描写一件事物，加深印象。

【读写结合】

我想——
我们的祖先，
可曾在
这些大树下，
看报纸、
下象棋？
可曾在
那片草地上，

踢足球、

晒太阳?

那时候

孩子们

也在这里

捉蝴蝶、

摘果子吗?

也在这里

放风筝、

捉知了吗?

【迁移运用】

展开想象,将下面的小诗补充完整。

风儿微笑

在树上 _____

在草原上 _____

在院子里拿树叶儿 _____

我喜欢风儿

因为风儿和我捉迷藏。

雪儿微笑

在空中 _____

在 _____

在田野里给麦子 _____

我 _____

因为 _____

第 14 课　羿射九日

按顺序写事情，使故事更完整

【课文链接】

很久很久以前，在世界最东边的海上，生长着一棵大树叫扶桑。扶桑的枝头站着一个太阳，底下还有九个太阳日。每天天快亮时，扶桑枝头的太阳就坐上两轮车，开始从东往西穿过天空。十个太阳每天轮换，给大地万物带来光明和温暖。

可是，有一天，这十个太阳觉得轮流值日太没意思啦，于是，他们一齐跑了出来，出现在天空中。十个太阳像十个大火球，炙烤着大地。

禾苗被晒枯了，土地被烤焦了，江河里的水被蒸干了，连地上的沙石好像都要被熔化了。人类的日子非常艰难。

神箭手羿决心帮助人们脱离苦海。他翻过了九十九座高山，蹚过了九十九条大河，来到了东海边。他登上了一座大山，搭上神箭，拉开神弓，对准天上的一个太阳，嗖地就是一箭。那个太阳一下子爆裂开，一团团火球到处乱窜。接着，噗噗地掉在地上。

羿一口气射下了九个太阳，炎热渐渐退去。羿又伸手拔箭，准备射下最后一个太阳。这个太阳害怕极了，慌慌张张地躲进了大海里。天上没有了太阳，整个世界一片黑暗。羿想没有了太阳，就没有了光明和温暖，庄稼不能生长，人类和动物也没法活下去。于是，羿留下了最后一个太阳。

从此，太阳每天从东方升起，到西方落下。土地渐渐滋润起来，花草树木渐渐繁茂起来，江河奔腾欢唱，大地上重新现出了勃勃生机。

【领悟写法】

写话通常有三种顺序：按时间先后顺序、按照整体与部分的顺序以及按事情发展的顺序。要采用恰当的顺序来写话，这样写出来的话读起来才会流畅。这个片段是按事情发展顺序来写的。

【读写结合】

早上，丁零零的闹钟声把我叫醒了。糟糕，快迟到了！我急匆匆地起床，先刷牙，再洗脸，然后背上书包，飞一般地跑出家门……

【迁移运用】

你能将下面的词语串联成一段话吗？拿起你的笔试一试吧！按事情发展的顺序写。

先　　然后　　最后　　我　　花苗　　水　　小心翼翼地　　挑选一个精美的花盆　　给花苗培土　　倒进盆里

三年级（上）

第1课　我们的民族小学

顺序服饰描写,观察更加细致

【课文链接】

早晨,从山坡上,从坪坝里,从一条条开着绒球花和太阳花的小路上,走来了许多小学生,有傣族的,有景颇族的,有阿昌族和德昂族的,还有汉族的。大家穿戴不同、语言不同,来到学校,都成了好朋友。那鲜艳的民族服装,把学校打扮得更加绚丽多彩。同学们向在校园里欢唱的小鸟打招呼,向敬爱的老师问好,向高高飘扬的国旗敬礼。

"当,当当! 当,当当! "大青树上钟声敲响了。

上课了,不同民族的小学生,在同一间教室里学习。大家一起读课文,那声音真好听! 这时候,窗外十分安静,树枝不摇了,鸟儿不叫了,蝴蝶停在花朵上,好像都在听同学们读课文。最有趣的是跑来了几只猴子。这些山林里的朋友是那样好奇地听着同学们读课文。下课了,大家在大青树下跳孔雀舞、摔跤、做游戏,招引来许多小鸟,连松鼠、山狸也赶来看热闹。

这就是我们的民族小学,一所边疆的民族小学。古老的铜钟,挂在大青树粗壮的枝干上。凤尾竹的影子,在洁白的粉墙上摇晃……

【领悟写法】

穿戴属于外貌描写中的服饰描写,包括头上戴的、身上穿的、脚下蹬的,也包括各种饰品。写作时,要注意按照一定的顺序,比如从上到下。当然,也有跳出这些常规,把重点要介绍的在前面或后面突出来。

【读写结合】

同学们的服装绚丽多彩。先看傣族的小姑娘,头上戴金黄的斗笠,腰间的一串串流苏像火红的辣椒,格外夺目。再看景颇族的女孩肩上那银光闪闪的项链像一件铠甲似的,走起路来叮叮咚咚的,煞是好听。那阿昌族的小男孩缠着雪白的头巾,上面插着花,脖子上还戴着明晃晃项圈呢! 纳西族人的头饰很奇特,像是一个个灰亮亮的碟子,肩上还披着毛茸茸的披肩。白族人穿的马夹红通通的,还镶着漂亮的花边,头上帽子垂下了一束雪白的马尾辫,真奇怪啊!

【迁移运用】

　　春节时,所有人都会穿着新衣服,走亲访友,请你仔细观察不同年龄的人的服饰,注意有条理地写一写。

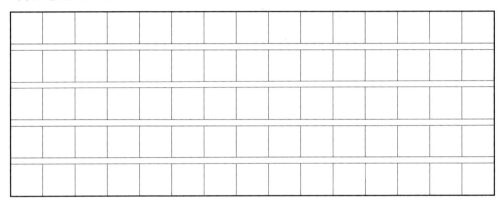

第2课　槐乡的孩子

总分段落训练,复习巩固提高

【课文链接】

　　槐乡的孩子,从小就和槐树结成了伴。槐乡的孩子离不开槐树,就像海边的娃娃离不开大海,山里的孩子离不开石头。

　　八月,槐树打了花苞,那花苞米粒般大小,散发着淡淡的清香,不仔细闻是闻不到的。小槐米藏在槐树丛中,轻轻地随风飘动。它们一点儿也不惹人注意,却是槐乡孩子的宝贝。槐米,可以入药,还能做染料。勤劳的槐乡孩子是不向爸爸妈妈伸手要钱的,他们上学的钱是用槐米换来的。

　　八月,天气热。鸡热得耷拉着翅膀,狗热得吐出舌头,蝉热得不知如何是好,在树上不停地叫着"知了,知了"。槐乡的孩子可不怕热,他们背着水葫芦,带着干粮,没等云雀开口歌唱黎明,就已经爬到小山上了。男孩常常是爬到树上,用长长的钩刀一下又一下地削着槐米。一簇簇槐米落下来了。女孩有的弯腰捡着,两条辫子像蜻蜓的翅膀,上下飞舞着;有的往篮里塞着槐米,头一点一点的,像觅食的小鸭子。当缕缕炊烟从村中升起的时候,孩子们满载而归,田野里飘荡着他们快乐的歌声。

月落柳梢,劳累了一天的孩子们带着甜蜜的微笑进入梦乡。孩子们的小床下放着磨好的长钩刀、篮子。明天,只要是晴天,孩子们又将投入到火热的劳动中……

【领悟写法】

选文的第三自然段是典型的总分写法,对于三年级的同学们来说,能起到复习巩固的作用。先总写天气热,再分写鸡、狗、蝉、孩子怎么样。

【读写结合】

腊月,天多冷。我一直都躲在被窝里,不敢出来,生怕被冻死,要是你想上街走一走的话,必须穿上厚厚的棉袄;我一伸出手,想干事时,就被冻僵了;妈妈把水泼出去后,马上结成了冰;虽然松鼠用蓬松的尾巴当被子盖着,可是还是被冻死了;家里的乌龟被冻成了"琥珀",真好看!

【迁移运用】

学习总分段式,写一写课外活动时,操场热闹的场面。

第3课 灰雀

提示语的位置,变化丰富语言

【课文链接】

这时,列宁看见一个小男孩,就问:"孩子,你看见过一只深红色胸脯的灰雀吗?"

男孩说:"没……我没看见。"

列宁说:"一定是飞走了或者是冻死了。天气严寒,它怕冷。"

那个男孩本来想告诉列宁灰雀没有死,但又不敢讲。

列宁自言自语地说:"多好的灰雀呀,可惜再也飞不回来了。"

男孩看看列宁,说:"会飞回来的,一定会飞回来的。它还活着。"

列宁问:"会飞回来?"

"一定会飞回来!"男孩肯定地说。

【领悟写法】

对话描写注重训练提示语的用法,提示语的位置有的在前,有的在后,有的在中间,丰富语言的变化,起到不同的强调作用。

【读写结合】

我一进家门就喊:"妈妈,我饿了。"

"中午没吃呀?"妈妈拦住我说。

"吃了,只是吃了一点点。"

"为什么?"

"同桌忘带面包,我分了一半给他……"

"哦,孩子,你真是好孩子。来,妈妈拿好吃的奖你。"

【迁移运用】

　　课文中写了第一天列宁和男孩关于那只失踪了的灰雀的对话,紧接着直接写了第二天两人果然又看到那只灰雀的情景。这中间发生了什么事情? 男孩想了些什么? 做了些什么? 请根据你的想象把它写下来。写一段对话,用好提示语及标点符号。

第4课　奇怪的大石头

事情发展顺序,组织材料方法

【课文链接】

　　李四光是我国著名的地质学家。

　　小时候,他喜欢和小伙伴一起玩捉迷藏的游戏。每次他都爱藏在一块大石头的后面。这块巨石孤零零地立在草地上。一听到小伙伴的脚步声,他就悄悄围着大石头躲闪。大石头把他的身影遮得严严实实的,小伙伴围着石头转来转去,也找不到他。时间长了,他对这块大石头发生了兴趣:这么大的一块石头,是从哪儿来的呢?

　　李四光跑去问老师,老师想了想,说:"这块石头恐怕有几百年的历史了,我小的时候它就在那儿了。"

"是谁把它放在那儿的呢？"

"听说天上常常掉下来陨石,也许它就是从天上掉下来的吧!"

"这么重的大石头从天上掉下来,力量一定非常大。它应该把草地砸一个很深很深的大坑。可它为什么没卧进土里去呢？"

"这我可说不上来了。"

李四光又跑去问爸爸,爸爸也说不清楚。

这块突兀的大石头到底是怎么来的？ 为什么它的四周都是平整的土地,没有一块石头呢?这个问题李四光想了许多年。直到他长大以后到英国学习了地质学,才明白冰川可以推动巨大的石头旅行几百里甚至上千里。

后来,李四光回到家乡,专门考察了这块大石头。他终于弄明白了,这块大石头是从遥远的秦岭被冰川带到这里来的。经过进一步的考察,他发现在长江流域有大量第四纪冰川活动的遗迹。他的这一研究成果,震惊了全世界。

【领悟写法】

文中的叙述顺序:玩中生疑,请教老师,英国学习,研究成功。

按顺序写作文也就是按照事情发生、发展和结局的时间顺序来写。按顺序写是最基本、最常用的组织材料的方法。要注意按顺序写不等于文章不分主次地记流水账,不等于把事情的每一个人及每个步骤写得面面俱到,应做到层次分明,重点突出,结构清晰。

事情发展顺序:一般写人、记事的文章,开头先交代人物背景或者事件的起因,然后循着时间先后顺序详细地记叙人物的言行举止、生活轨迹、人生荣辱,或者写清事件的经过,最后表达作者对人物的评价和看法,或者告知事件的结果。

【读写结合】

金晶和我买了吃的玩的,就直奔莲花山。我们找了个好位置,铺上野餐布,就大吃特吃起来。

填饱肚子后,我们就拿出风筝,尽情地跑着,放着风筝,草坪上不时传来我们爽朗的笑声。风筝终于稳稳地飞翔在蓝天中了。我们坐下来,看着蔚蓝的天空中,一只只风筝载着人们的理想,飞向寻梦的天空。我们的风筝与其他风筝一样,带着我们两个的梦,美丽的梦,童真的梦,飞向属于我们的天空。被牵制住的风筝总是那么努力飞翔却又无奈地被绳子束缚着,我们不约而同地互望一眼,把手中的线放开了。风筝虽然失去了依靠,却得到了自由。看着我们的风筝终于飞向蓝天时,深情的目光与心中的愿望也随之一起飞上了天。

接着,我们把画板拿了出来,开始写生。

【迁移运用】

按事情发展的顺序写一写自己和小伙伴一起玩耍时的一件小事。

第5课　风筝

展开合理想象,巧妙延伸续写

【课文链接】

从早晨玩到下午,我们还是歇不下来,牵着风筝在田野里奔跑。风筝越飞越高,似乎飞到了云彩上。忽然吹来一阵风,线嘣地断了。风筝在空中抖动了一下,便极快地飞走了。我们大惊失色,千呼万唤,那风筝越来越小,倏地便没了踪影。

我们都哭了,在田野里四处寻找,找了半个下午,还是没有踪影。我们垂头丧气地坐在田埂上,一抬头,看见远远的水面上半沉半浮着一个巨大的木轮,不停地转着,将水扬起来,半圈儿水在闪着白光。那是我们村的水磨坊。

"那儿找过了吗?"

"没找过,说不定'幸福鸟'就落在那儿呢。"大家说。

我们向那房子跑去,继续寻找我们的"幸福鸟"……

【领悟写法】

文章结尾意味深长,同学们要联系全文理解这句话。孩子们之所以这样苦苦寻找丢失的风筝,是因为风筝寄托着他们的一种希望。省略号给我们留下了丰富的想象空间。

【读写结合】

我们向那房子跑去,继续寻找我们的"幸福鸟",到了那里,我们四处寻找,找遍了水磨坊的每个角落,都没有找到。正当我们要放弃时,一个小伙伴大喊:"看,是'幸福鸟'!"所有的小朋友都往他那里看去,果然,大树上挂着我们的"幸福鸟",可是怎么拿下来呢? 大家都很着急,一个小朋友出主意:如果能找一个长长的木棍,就可以把风筝弄下来了。

于是,大家说干就干,一会儿木棍就找来了,一个高个子的小伙伴拿起木棍,很快就把风筝弄下来了,我们非常高兴。

"可是怎么让它再飞起来呢?"一个小伙伴问。

"是呀,要不我们去找根绳子来系在风筝上,风筝不就飞起来了吗?"有人出主意。

于是小伙伴们一齐动手,经过大家的努力,现在风筝又可以放了,我们牵着线在田野里奔跑,笑声撒遍了田野。

【迁移运用】

"我们向那房子跑去,继续寻找我们的'幸福鸟'"……还会出现怎样的情景,请你展开想象进行续写。

<table>
<tr><td></td><td></td><td></td><td></td><td></td><td></td><td></td><td></td><td></td><td></td></tr>
<tr><td></td><td></td><td></td><td></td><td></td><td></td><td></td><td></td><td></td><td></td></tr>
<tr><td></td><td></td><td></td><td></td><td></td><td></td><td></td><td></td><td></td><td></td></tr>
<tr><td></td><td></td><td></td><td></td><td></td><td></td><td></td><td></td><td></td><td></td></tr>
<tr><td></td><td></td><td></td><td></td><td></td><td></td><td></td><td></td><td></td><td></td></tr>
</table>

第6课 秋天的雨

分总结构特点,学会灵活运用

【课文链接】

秋天的雨,是一把钥匙。它带着清凉和温柔,轻轻地,轻轻地,趁你没留意,把秋天的大门打开了。

秋天的雨,有一盒五彩缤纷的颜料。你看,它把黄色给了银杏树,黄黄的叶子像一把把小扇子,扇哪扇哪,扇走了夏天的炎热。它把红色给了枫树,红红的枫叶像一枚枚邮票,飘哇飘哇,邮来了秋天的凉爽。金黄色是给田野的,看,田野像金色的海洋。橙红色是给果树的,橘子、柿子你挤我碰,争着要人们去摘呢!菊花仙子得到的颜色就更多了,紫红的、淡黄的、雪白的……美丽的菊花在秋雨里频频点头。

秋天的雨,藏着非常好闻的气味。梨香香的,菠萝甜甜的,还有苹果、橘子,好多好多香甜的气味,都躲在小雨滴里呢! 小朋友的脚,常被那香味勾住。

秋天的雨,吹起了金色的小喇叭,它告诉大家,冬天快要来了。小喜鹊衔来树枝造房子,小松鼠找来松果当粮食,小青蛙在加紧挖洞,准备舒舒服服地睡大觉。松柏穿上厚厚的、油亮亮的衣裳,杨树、柳树的叶子飘到树脚下。它们都在准备过冬了。

秋天的雨,带给大地的是一曲丰收的歌,带给小朋友的是一首欢乐的歌。

【领悟写法】

　　利用写秋天的风或者写春天的雨等，来仿写这种分总的结构特点，进一步熟悉这种结构特点，并且能够运用这种结构去写别的文章。

【读写结合】

　　秋天的风像一条又细又长的辫子。它带着清凉和温柔，悄悄地，悄悄地，趁你没注意，把夏天的炎热甩跑了（简洁明快，写出秋风的特点，点出秋天与夏天的不同）。

　　秋天的风像一盒五彩缤纷的颜料。它把红色给了苹果，红红的苹果像天上火红的太阳。它把橘红色给了橘子，橘红色的橘子像一个个乒乓球。它把黄色给了梨子，黄黄的梨子像一个个小葫芦（用比喻和拟人的手法，写出了各种水果的颜色，写出了秋天的丰收景象）。

　　秋天的风像一个调味盒。它把甜甜的味道给了苹果、菠萝、香蕉。它把酸酸的味道给了橘子、橙子、青葡萄（用比喻和拟人的手法，写出秋天里各种水果的味道）。

　　秋天的风像一把大剪刀。剪着剪着，一不小心，把叶宝宝剪了下来。叶宝宝慢慢变成了金黄色。叶宝宝跟着风哥哥，飘飘飘，飞上了天；飘飘飘，落下了地。累了，躺在地上和树妈妈一起聊天（落叶是秋天的代表性景物，用比喻和拟人的手法，写出它们的颜色和变化）。

　　秋天的风像一封电报。小燕子看了电报，赶忙向其他小动物告别，向南方飞去。小松鼠、小白兔、小蚂蚁看了电报，便找来粮食准备过冬。青蛙、狗熊、蛇看了电报，就加紧挖洞，准备舒舒服服地睡上一个冬天呢（用拟人的手法描写动物们在这个季节的活动）！

【迁移运用】

　　擦亮你的眼睛，仔细观察春天的风或者春天的雨，仿照上面的写法，试着写一段话。

<table>
<tr><td></td><td></td><td></td><td></td><td></td><td></td><td></td><td></td><td></td><td></td><td></td><td></td><td></td></tr>
<tr><td></td><td></td><td></td><td></td><td></td><td></td><td></td><td></td><td></td><td></td><td></td><td></td><td></td></tr>
<tr><td></td><td></td><td></td><td></td><td></td><td></td><td></td><td></td><td></td><td></td><td></td><td></td><td></td></tr>
<tr><td></td><td></td><td></td><td></td><td></td><td></td><td></td><td></td><td></td><td></td><td></td><td></td><td></td></tr>
<tr><td></td><td></td><td></td><td></td><td></td><td></td><td></td><td></td><td></td><td></td><td></td><td></td><td></td></tr>
</table>

第 7 课　玩出了名堂

细致入微观察,体现事物特点

【课文链接】

玩耍常常被认为是浪费时间的行为,但在科学史上,有许多伟大的发现是在玩耍中产生的。

荷兰的列文虎克喜欢玩镜片。

列文虎克的工作是看守大门,并定时到钟楼去敲钟。这份工作相当清闲,他待着没事,就一边看门,一边磨起了镜片。他把厚玻璃的四周磨薄,做成放大镜,用来看细微的东西,或者阅读字很小的书籍。

有一次,列文虎克又在玩放大镜。他突然想到:把两片放大镜放在一起,会怎么样呢? 他一试,啊,不得了,蚊子的腿看上去像兔子的腿。他越玩越来劲,就把一片放大镜固定,让另一片放大镜可以随意调节,这样就做成了一架简单的显微镜。他用显微镜观察水,看见水里有许多小生命挤来挤去;观察牙齿,看见里面有一种从来没有见过的小东西。他发现,除了我们平时看到的世界,还有另一个平时看不到的世界。那是一个"小人国"。"小人国"里的"居民",比地球上的居民要多得多。

列文虎克玩放大镜,玩出了大名堂。他最早发现了微生物,发现了一个全新的世界。英国皇家学会知道了他的发现,聘请他为皇家学会会员。连英国女王和俄国沙皇也千里迢迢前去拜访他,欣赏他的"玩具",并从"玩具"里观看新世界里的"居民"。

【领悟写法】

　　本文先讲列文虎克对玩放大镜产生了兴趣,接着讲他在玩中的新发现。如果我们也能带着一颗好奇心和一双会发现的眼睛去观察周围的世界,就能学到很多有趣的知识。

　　我们观察的物主要是动物和植物。写动物主要写动物的外貌、生活习性和人与动物之间的趣事。写植物主要写植物的花、叶、茎各部分的特点。

　　写作时,可以从生活现象中提出问题,然后查找资料或动手实践回答问题,这样文章的结构层次就会一目了然。

【读写结合】

　　忽然,她惊呼起来:"你们快来看呀,含羞草不羞了!"我和志玲跑上去一看,果真含羞草纹丝不动。我又拨弄了几下,奇怪!含羞草的叶子真的没有合拢起来,它的脸皮"厚"了起来。含羞草的叶子怎么不合拢起来了呢(观察含羞草的叶子——提出问题)?

　　蝉的隧道大都是深达十五至十六寸,通行无阻,下面的部分较宽,但是在底端却完全关闭起来。在做隧道时,泥土搬移到哪里去了呢?为什么墙壁不会崩裂下来呢?谁都以为蝉是用有爪的腿爬上爬下的,但这样却会将泥土弄塌,把自己的房子塞住(观察蝉的隧道——提出问题)。

【迁移运用】

　　请你运用自己智慧的双眼,向大家介绍一种日常生活中的科学小知识。

<table>
<tr><td></td><td></td><td></td><td></td><td></td><td></td><td></td><td></td><td></td><td></td><td></td><td></td><td></td></tr>
<tr><td></td><td></td><td></td><td></td><td></td><td></td><td></td><td></td><td></td><td></td><td></td><td></td><td></td></tr>
<tr><td></td><td></td><td></td><td></td><td></td><td></td><td></td><td></td><td></td><td></td><td></td><td></td><td></td></tr>
<tr><td></td><td></td><td></td><td></td><td></td><td></td><td></td><td></td><td></td><td></td><td></td><td></td><td></td></tr>
<tr><td></td><td></td><td></td><td></td><td></td><td></td><td></td><td></td><td></td><td></td><td></td><td></td><td></td></tr>
</table>

第9课 找骆驼

运用因果关系,清楚表达意思

【课文链接】

商人忿忿地说:"别骗我了,一定是你把我的骆驼藏起来了。要不,你怎么知道得这么详细?"

老人不紧不慢地说:"干吗生气呢,听我说嘛。刚才我看见路上有骆驼的脚印,右边深,左边浅,就知道骆驼的脚有点跛。我又看见路的左边有一些蜜,右边有一些米。我想骆驼驮的一定是这两样东西。我还看见骆驼啃过的树叶,上面留下了牙齿印,所以知道它缺了一颗牙齿。至于骆驼往哪儿去了,应该顺着它的脚印去找。"

商人听了,照着老人的指点一路找去,果然找到了走失的骆驼。

【领悟写法】

老人利用因果关系阐述自己是如何根据迹象来确定骆驼踪迹的,能使读者清晰地明白作者表达的意思。

【读写结合】

因为老人看见路边骆驼的脚印右边深,左边浅,所以知道骆驼驮的脚有点跛。

因为老人又看见路左边有蜜，路右边有米，所以知道骆驼驮的是这两样东西。

因为老人还看见骆驼啃过的树叶上留下牙齿印，所以知道骆驼缺了一颗牙。

【迁移运用】

如果先说结果，后说原因，该怎样表达？

老人知道 ＿＿＿＿＿＿＿＿＿＿＿，那是因为 ＿＿＿＿＿＿＿＿＿＿＿。

老人知道 ＿＿＿＿＿＿＿＿＿＿＿，那又是因为 ＿＿＿＿＿＿＿＿＿＿＿。

老人知道 ＿＿＿＿＿＿＿＿＿＿＿，那还是因为 ＿＿＿＿＿＿＿＿＿＿＿。

第9课　赵州桥

承上启下连接，浑然一体相承

【课文链接】

赵州桥非常雄伟，桥长五十多米，有九米多宽，中间行车马，两旁走人。这么长的桥，全部用石头砌成，下面没有桥墩，只有一个拱形的大桥洞，横跨在三十七米多宽的河面上。大桥洞顶上的左右两边，还各有两个拱形的小桥洞。平时，河水从大桥洞流过，发大水的时候，河水还可以从四个小桥洞流过。这种设计，在建桥史上是一个创举，既减轻了流水对桥身的冲击力，使桥不容易被大水冲毁，又减轻了桥身的重量，节省了石料。

这座桥不但坚固，而且美观。桥面两侧有石栏，栏板上雕刻着精美的图案：有的刻着两条相互缠绕的龙，前爪相互抵着，各自回首遥望；还有的刻着双龙戏珠。所有的龙似乎都在游动，真像活了一样……

【领悟写法】

"这座桥不但坚固，而且美观。"在文中承接上文，引起下文，前后连贯，一脉相承，通篇浑然一体，使文章言之有序。有时候，也有一些常见的关联词提示这是过渡句或过渡段，如"不仅……还……""不但……而且……""虽然……但是……"等。

【读写结合】

她弹琴可以让人陶醉,她的画让人夸赞不已,她跳的拉丁舞十分标准。

她不但有这么多才艺,还长得非常漂亮呢!瞧,她的眼睫毛长长的,大大的眼睛炯炯有神,头发一甩,还挺有气质。

【迁移运用】

用过渡句"小兔子不仅可爱,还很机灵呢"写两段话。

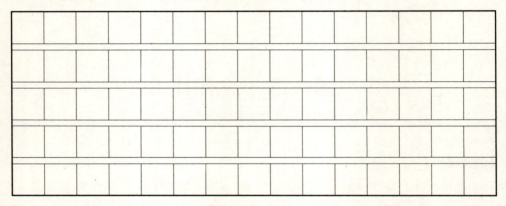

第10课 一幅名扬中外的画

既有"筋骨"支撑,又有"皮肉"充实

【课文链接】

画上的街市可热闹了。街上有挂着各种招牌的店铺、作坊、酒楼、茶馆……走在街上的,是来来往往、形态各异的人:有的骑着马,有的挑着担,有的赶着毛驴,有的推着独轮车,有的悠闲地在街上溜达。画面上的这些人,有的不到一寸,有的甚至只有黄豆那么大。别看画上的人小,每个人在干什么,都能看得清清楚楚。

【领悟写法】

这段话围绕一个意思"画上的街市可热闹了",用"有的……有的……有的……"

这一句式做了具体描写,使主题鲜明具体。

【读写结合】

　　树上满是鸟,叽叽喳喳的热闹极了。有的扑打着翅膀仿佛在给旁边的小鸟扇扇子,有的转过头来认真地用小嘴梳理着毛翎,有的侧着头好奇地打量着树叶间漏下的阳光,有的忘情地唱着,还时不时闭一闭眼睛,一副陶醉的样子。

【迁移运用】

　　请你仿写一个小片段,展现一个课间活动的热闹场景。

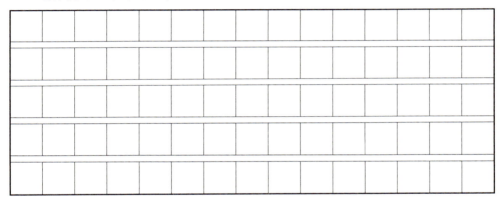

第11课　富饶的西沙群岛

总分总的段落,强化结构训练

【课文链接】

　　鱼成群结队地在珊瑚丛中穿来穿去,好看极了。有的全身布满彩色的条纹;有的头上长着一簇红缨;有的周身像插着好些扇子,游动的时候飘飘摇摇;有的眼睛圆溜溜的,身上长满了刺,鼓起气来像皮球一样圆。各种各样的鱼多得数不清,西沙群岛的海里一半是水,一半是鱼。

【领悟写法】

　　此段落用总分总的写法,写出了鱼的数量多、种类多。且分述部分抓住鱼身上的显著特点来呈现,并用比喻来修饰。

【读写结合】

　　海滩上有捡不完的美丽的贝壳。有的全身通白,像玉石刻的扇子;有的全身彩色,像一个花花绿绿的花炮,仿佛随时升上天空绽开灿烂的光芒;有的长着几根又粗又尖的刺,好像远古的剑龙;还有一个螺旋形的花纹,又像刮起的龙卷风和漩涡……你看,那么多美丽的贝壳,值得你去收藏。

【迁移运用】

　　仿写沙滩上的贝壳。

第12课　美丽的小·兴安岭

时间顺序写景,抓住特点迁移

【课文链接】

　　我国东北的小兴安岭,有数不清的红松、白桦、栎树……几百里连成一片,就像绿色的海洋。

春天，树木抽出新的枝条，长出嫩绿的叶子。山上的积雪融化了，雪水汇成小溪，淙淙地流着。溪里涨满了春水。小鹿在溪边散步，它们有的俯下身子喝水，有的侧着脑袋欣赏自己映在水里的影子。

夏天，树木长得葱葱茏茏，密密层层的枝叶把森林封得严严实实的，挡住了人们的视线，遮住了蓝蓝的天空。早晨，雾从山谷里升起来，整个森林浸在乳白色的浓雾里。太阳出来了，千万缕像利剑一样的金光，穿过树梢，照射在工人宿舍门前的草地上。草地上盛开着各种各样的野花，红的、白的、黄的、紫的，真像个美丽的大花坛。

秋天，白桦和栎树的叶子变黄了，松柏显得更苍翠了。秋风吹来，落叶在林间飞舞。这时候，森林向人们献出了酸甜可口的山葡萄，又香又脆的榛子，鲜嫩的蘑菇和木耳，还有人参等名贵药材。

冬天，雪花在空中飞舞。树上积满了白雪。地上的雪厚厚的，又松又软，常常没过膝盖。西北风呼呼地刮过树梢。紫貂和黑熊不得不躲进各自的洞里。紫貂捕到一只野兔当美餐，黑熊只好用舌头舔着自己又肥又厚的脚掌。松鼠靠秋天收藏在树洞里的松子过日子，有时候还到枝头散散步，看看春天是不是快要来临。

小兴安岭一年四季景色诱人，是一座美丽的大花园，也是一座巨大的宝库。

【领悟写法】

课文第二至第五自然段按春夏秋冬的顺序紧紧围绕小兴安岭美丽、物产丰富进行了具体介绍，这几段结构、写法相似。可以抓住课文的这个特点，做迁移。

【读写结合】

我的校园是个美丽的地方，那里有许多植物，各种各样，芬芳迷人。

春天，小草从土里探出嫩绿的小脑袋，长出小小的叶子。蒲公英顶着满头的绒毛，一阵微风吹来，这小东西就不知飞哪去了。几棵樱花树长在食堂边的草地上，一根根樱花树枝像分枝的鹿角，"鹿角"上长着许多樱花，远远看去，好看极了！紫玉兰露出了美丽的笑脸，可好看了！

夏天，淡粉色的月季花开了，一朵朵月季花像一个个气球。睡莲还慢慢地在水上游泳呢！绿化带里有一丛葱莲，因为茎长得像葱，开的花像莲花，所以叫葱莲。樟树的树冠又大又密,绿油油的,那儿可是个乘凉的好地方。

秋天,桂花散发着迷人的清香,小朋友的脚,常常被那香味勾住。在校园里,你会看到一棵金橘树,其实它不是金橘树,那是一棵无患子树,因为秋天到了,所以这小家伙就披上了金色的"皮衣",伪装成了金橘。银杏树的叶子变成金黄的了,时不时有一片落叶飘下来,像一只蝴蝶。

冬天,银杏树的叶子已经掉光了,只剩下树干了。山茶花却不怕冷,依然开着艳丽的花瓣。樟树还是那么挺拔,那么苍翠,看起来一片树叶也没掉。枫树的"头发"已经染成了红色,可是,学校规定不能染发呀!

我的校园真是一个美丽的大花园。

——《美丽的校园》

【迁移运用】

仿写校园的四季。

第13课 矛和盾的集合

结合生活实际,理解重点句子

【课文链接】

坦克把盾的自卫、矛的进攻合二为一,在战场上大显神威。1916年9月15日,英军的坦克首次冲上战场。德国兵头一回见到这庞然大物,吓得哇哇直叫,乱成一团,一下子退了十公里!

是的,谁善于把别人的长处集于一身,谁就会是胜利者。

【领悟写法】

这样顺其自然地把发明家将矛和盾的优点结合起来的思考过程清晰地展现出来,进行了一次语言、表达、思维的三维训练。

【读写结合】

结合衣服和帽子的好处,设计师设计出了带帽子的衣服。

【迁移运用】

写写你所知道的把长处集于一身的事物,比如铅笔、钢笔……

第14课 科利亚的木匣

写出事物变化,发展眼光看待

【课文链接】

科利亚丢下铲子,坐在台阶上,用手摸着脑门儿想。突然他笑起来,对小伙伴们说:"我知道是怎么回事啦! 木匣是我四年前埋的,那时候我还小,步子也小。我现在九岁啦，步子比那时候大了一倍，所以应该量的不是十步，而是五步。你们看，我马上会找到我的木匣子。"

科利亚量了五步，又动手挖起来，不多一会儿，他果然找到了木匣子。

科利亚高兴地说："伙伴们，今天我不光找到了匣子，还懂得了时间一天天过去，人一天天长大，步子也在渐渐变大。周围的一切，不是都在起变化吗？"

【领悟写法】

画横线的句子写出了世间万物都在变化，而不是一成不变的，我们要用发展的眼光看待事物。

【读写结合】

一只七星瓢虫在水池边的台子下面要往上爬。爬了一会儿，就掉了下来。它翻过身来，又一次向上爬。爬到一半的时候，又掉了下来。但是，它仍旧没有放弃，来回不停地重复了无数遍后，它终于爬上了台子。

【迁移运用】

小时候是什么样的?这些年都有些什么变化呢?找出自己的照片比一比，并把这些变化写下来。

（方格空白练习区）

第15课　一次成功的实验

有条理地叙述，事情经过清晰

【课文链接】

　　一位教育家来到一所小学，请校长找来三个学生，让他们做个游戏。

　　这位教育家从手提包里拿出一个瓶子，又取出三个系着绳子的小铅锤。他把瓶子放在地上，把三个小铅锤分给三个学生，让他们拿着绳子头，先后把铅锤放到瓶子里。

　　他对这三个学生说："这个瓶子是一口井，不过现在井里没有水。你们手里拿着的铅锤代表你们自己。井口很窄，一次只能上来一个人。"说完，他又问："记住了吗？"三个学生齐声回答："记住了。"

　　教育家拿起茶杯向"井"里灌水，他一边灌，一边喊："危险！快上来！一……二……"

　　一个女孩低声对两个同伴说："快！你第一，你第二，我最后！"

　　"三"字刚出口，三个学生就顺利地把小铅锤一个一个提了出来。

　　教育家问这个女孩："你刚才跟他们俩说了什么？"

　　女孩如实地告诉了他。

"你为什么要这样做呢？"教育家问。

女孩不假思索地说："有了危险，应该让别人先出去。"

这位教育家激动地抱起女孩，好久才放下。他对校长说："这个实验我做过许多次，每次孩子们都争着往外拉铅锤，结果铅锤都堵在瓶口，一个也拉不出来。今天，我的实验终于获得了成功。"

【领悟写法】

文中画横线的句子，有条理地叙述了事情的经过。

【读写结合】

今天早上起来后，我先洗脸刷牙，再吃早饭，然后骑车往学校奔去，最后端坐在教室里。一天的学校生活又开始了。

【迁移运用】

用"先……再……接着……然后……"这样的句式，写一写你帮妈妈洗衣服的过程。

第16课　给予树

心理描写细致,推动情节发展

【课文链接】

　　圣诞节快要到了。该选购圣诞礼物了。孩子们热烈地讨论这个问题,互相试探对方的心意,希望送出最诚挚的祝福,收到最甜蜜的笑容。让我担心的是,家里并不宽裕,我只攒了一百美元,却要有五个孩子来分享,他们怎么可能买到很多很好的礼物呢?

　　圣诞节前夕,我给了每个孩子二十美元,提醒每人至少准备四份礼物。接着,我把他们带到一个商场,分头去采购,约定两小时后一起回家。

　　回家途中,孩子们兴高采烈。你给我一点儿暗示,我让你摸摸口袋,不断让别人猜测自己买了什么礼物。只有八岁的小女儿金吉娅沉默不语。透过塑料口袋,我发现,她只买了一些棒棒糖——那种五十美分一大把的棒棒糖!我有些生气:她到底用这二十美元做了什么?

　　一回到家,我立即把她叫到我的房间,打算和她好好谈谈。没等我问,金吉娅先开口了:"妈妈,我拿着钱到处逛,本来想送给您和哥哥姐姐一些漂亮的礼物。后来,我看到了一棵援助中心的'给予树'。树上有很多卡片,其中一张是一个小女孩写的。她一直盼望圣诞老人送给她一个穿着裙子的洋娃娃,于是,我取下卡片,买了洋娃娃,把它和卡片一起送到了援助中心的礼品区。"金吉娅的声音很低,显然对没能给我们买到像样的礼物而难过。"我的钱就……只够买这些棒棒糖了。可是妈妈,我们有那么多人,已经能收到许多礼物了,而那个小女孩却什么也没有。"

　　我紧紧地拥抱着金吉娅。这个圣诞节,她不但送给我们棒棒糖,还送给我们善良、仁爱、同情和体贴,以及一个陌生女孩如愿以偿的笑脸。

【领悟写法】

　　所谓心理描写,就是对人物内心的思想活动、情感活动进行描写。心理描写能反映人物的思想性格,展示人物的内心世界。恰当的心理活动描写能揭示人物的性格特征,反映人物的思想变化,推动情节的发展,深化文章的主题等。

【读写结合】

上课了,孙老师掏出一盒回形针给我们看。不就回形针吗,老师想干什么? 是叫我们帮他夹文件? 还是把它们一枚一枚串联起来做成链条拴小狗? 或者让我们用它做手工……老师葫芦里到底卖的什么药,我百思不得其解,只好静观其变。

【迁移运用】

仿写一段老师公布成绩时你的心理活动。

三年级（下）

第1课 燕子

运用恰当比喻,生动形象鲜明

【课文链接】

一身乌黑光亮的羽毛,一对俊俏轻快的翅膀,加上剪刀似的尾巴,凑成了活泼机灵的小燕子。

才下过几阵蒙蒙的细雨。微风吹拂着千万条才展开带黄色的嫩叶的柳丝。青的草,绿的叶,各色鲜艳的花,都像赶集似的聚拢过来,形成了光彩夺目的春天。小燕子从南方赶来,为春光增添了许多生机。

在微风中,在阳光中,燕子斜着身子在天空中掠过,叽叽地叫着,有的由这边的稻田上,一转眼飞到了那边的柳树下边;有的横掠过湖面,尾尖偶尔沾了一下水面,就看到波纹一圈一圈地荡漾开去。

几对燕子飞倦了,落在电线上。蓝蓝的天空,电杆之间连着几痕细线,多么像五线谱啊,停着的燕子成了音符,谱出一支正待演奏的春天的赞歌。

【领悟写法】

文中画横线的句子是比喻句。描写事物或说明道理时,比喻就是把自己想要说的某一事物比作同它有相似点的别的事物,以便表达更加鲜明生动,又增加了文章的艺术感染力。

【读写结合】

春天是万物复苏的季节:小草从土里探出了脑袋,仿佛给大地披上了一件绿衣;树木也长出了绿色的叶子,近看像一条绿色的带子,远看像一把把小伞。

【迁移运用】

运用比喻的方法,写一写校园的一景一物。

（空格稿纸）

第2课　荷花

适当合理想象，描写有声有色

【课文链接】

　　清晨，我到公园去玩，一进门就闻到一阵清香。我赶紧往荷花池边跑去。

　　荷花已经开了不少了。荷叶挨挨挤挤的，像一个个碧绿的大圆盘，白荷花在这些大圆盘之间冒出来。有的才展开两三片花瓣儿。有的花瓣儿全都展开了，露出嫩黄色的小莲蓬。有的还是花骨朵儿，看起来饱胀得马上要破裂似的。

　　这么多的白荷花，一朵有一朵的姿势。看看这朵，很美；看看那朵，也很美。如果把眼前的这一池荷花看作一大幅活的画，那画家的本领可真了不起。

　　我忽然觉得自己仿佛就是一朵荷花，穿着雪白的衣裳，站在阳光里。一阵微风吹来，我就翩翩起舞，雪白的衣裳随风飘动。不光是我一朵，一池的荷花都在舞蹈。风过了，我停止舞蹈，静静地站在那儿。蜻蜓飞过来，告诉我清早飞行的快乐。小鱼在脚下游过，告诉我昨夜的好梦……

　　过了好一会儿，我才记起我不是荷花，我是在看荷花呢。

【领悟写法】

　　文中画横线的句子充分发挥了想象,想象是写作必备的能力之一。运用适当合理的想象,文章会变得更加形象生动,感情鲜明深刻,描写也会有声有色。

【读写结合】

　　看到这景象,我仿佛看到了:大海狂暴得像个恶魔,翻腾的泡沫,失去了均匀的节奏。海浪冲击着石砌的护堤,发出巨大的轰鸣,转眼间在石堤上撞得粉碎,于是,颓然跌落下去。

【迁移运用】

　　观察一幅画,展开想象写一段话。

第3课　翠鸟

抓住事物特点,描写与众不同

【课文链接】

　　翠鸟喜欢停在水边的苇秆上,一双红色的小爪子紧紧地抓住苇秆。它的颜色非常鲜艳。头上的羽毛像橄榄色的头巾,绣满了翠绿色的花纹。背上的羽毛像浅绿色的外衣。腹部的羽毛像赤褐色的衬衫。它小巧玲珑,一双透亮灵活的眼睛下面,长着一张又尖又长的嘴。

【领悟写法】

作者紧紧地抓住了翠鸟的小爪子、头上、背上、腹部的颜色,眼睛、嘴等的特点,围绕这几个特点把翠鸟的形象活生生地描绘了出来,翠鸟就这样飞到了我们的眼前。描写事物,一定要找出事物的特点,才能鲜明地写出它的与众不同。

【读写结合】

它一身的白毛像雪似的,中间夹着数块墨色的细毛,黑白相间,白的显得越白,而黑的越发显得黑了。脸一半儿白,一半儿黑,两颗小电灯泡似的眼睛在脸中间闪呀闪,见我低下头看它,它也一个劲地盯着我。一条全黑的尾巴躺在地上,悠然自得地摇摆着。嘴张得很大,露出几颗嫩白的小齿,喵喵地叫着,那几根细鱼骨头似的白胡须,呼呼地动着。

【迁移运用】

选择一种你熟悉、喜欢的小动物,抓住它的特征,让它活生生地出现在大家眼前吧。

第4课　燕子专列

适当想象留白，做到虚实相映

【课文链接】

事情是这样的：这年春天，成千上万的燕子从南方飞回北方时，在瑞士境内遇到了麻烦。当地气温骤降，风雪不止，几乎所有昆虫都被冻死了。燕子经过长途跋涉，已经非常疲劳，加上找不到食物，饥寒交迫，濒临死亡。瑞士政府知道了这个情况，决定用火车把燕子送到温暖的地方。

【领悟写法】

中国传统书画艺术创作中有一种构图方法叫留白，在一幅画中留下适当的空白，以白当黑，虚实相映，可以创造出此处无声胜有声的艺术境界，写作文其实也跟画画一样。有时候什么都写出来，会让读者失去可以联想、回味和反思的空间，在文章中留下空白，就能让读者展开联想和想象的翅膀。

【读写结合】

在一片白茫茫的山上，有一个穿着红衣服、黑色裤子的小姑娘，她叫贝蒂，正在寻找快要冻僵的燕子。她一边走一边低着头仔细地找。这时，她忽然听见了燕子微弱的叫声。她连忙跑到树下，拨开草，发现了一对快被冻僵的燕子正相互依偎着。她连忙喊道："爸爸妈妈我又找到了一对燕子。"说完，她就用自己的口，呼出热气来暖和燕子。燕子睁开了眼睛，叽叽喳喳仿佛在说："我们得救了！"贝蒂把这些可爱的燕子送到了火车站。

【迁移运用】

仔细读读课文，你还能找到课文中留下的空白点吗？

请从以下任选一个，写一段话。

　　小贝蒂和爸爸妈妈一起,在山间的岩缝中寻找冻僵的燕子。她看到了什么?听到了什么? 想到了什么? 又会说些什么呢?

　　假如你是这趟燕子专列中的一员——小燕子，当你乘坐的火车徐徐开启,即将到达温暖的南方时,你会想些什么? 说些什么?

<table>
<tr><td></td><td></td><td></td><td></td><td></td><td></td><td></td><td></td><td></td><td></td><td></td><td></td></tr>
<tr><td></td><td></td><td></td><td></td><td></td><td></td><td></td><td></td><td></td><td></td><td></td><td></td></tr>
<tr><td></td><td></td><td></td><td></td><td></td><td></td><td></td><td></td><td></td><td></td><td></td><td></td></tr>
<tr><td></td><td></td><td></td><td></td><td></td><td></td><td></td><td></td><td></td><td></td><td></td><td></td></tr>
<tr><td></td><td></td><td></td><td></td><td></td><td></td><td></td><td></td><td></td><td></td><td></td><td></td></tr>
<tr><td></td><td></td><td></td><td></td><td></td><td></td><td></td><td></td><td></td><td></td><td></td><td></td></tr>
</table>

第5课　惊弓之鸟

先果后因表述,文章引人注目

【课文链接】

　　更羸是古时候魏国有名的射箭能手。有一天,更羸跟魏王到郊外去打猎。一只大雁从远处慢慢地飞来,边飞边鸣。更羸仔细看了看,指着大雁对魏王说:"大王,我不用箭,只要拉一下弓,这只大雁就能掉下来。"

　　"是吗? "魏王信不过自己的耳朵,问道,"你有这样的本事? "

　　更羸说:"请让我试一下。"

　　更羸并不取箭,他左手拿弓,右手拉弦,只听得嘣的一声响,那只大雁直往上飞,拍了两下翅膀,忽然从半空里直掉下来。

　　"啊! "魏王看了,大吃一惊,"真有这样的本事! "

　　更羸笑笑说:"不是我的本事大,是因为我知道,这是一只受过箭伤的鸟。"

魏王更加奇怪了,问:"你怎么知道的?"

更嬴说:"它飞得慢,叫的声音很悲惨。飞得慢,因为它受过箭伤,伤口没有愈合,还在作痛;叫得悲惨,因为它离开同伴,孤单失群,得不到帮助。它一听到弦响,心里很害怕,就拼命往高处飞。它一使劲,伤口又裂开了,就掉了下来。"

【领悟写法】

先写结果,再写原因,抓住读者的视线,使得文章更引人注目。

【读写结合】

在我脑海里,有许许多多难忘的事,但其中有一件事最令我难忘,那就是我第一次做饭。

那一年的夏天,我中午放学回到家,一回到家,我就大声喊道:"今天谁做饭啊?饿死我了。"走到餐厅,才发现爸爸妈妈不在,着急的我看到餐桌上有一张字条,上面写道:"儿子,今天我们不回来了,你自己做饭吃吧。"看到这张字条,我心里想:"哼!不就是做饭么,谁不会,今天我就露两手给你们瞧瞧。"我该做什么呢?就做我最爱吃的鸡蛋面吧。

我先拿来两个鸡蛋,左手拿着鸡蛋,右手固定住碗,用力地在碗上磕了一下,不料鸡蛋被我磕碎了,蛋黄都洒在了我的手上,没办法还得重磕。我又把另一个鸡蛋拿在手上,吸取了上次的教训,我这次稍微用力地一磕鸡蛋,正好磕在了碗里,我高兴得手舞足蹈。然后,再用力搅拌;搅拌好了,我就开始和面;面和好了,我就用菜刀切;这些面被我左切一下,右切一下,让我切得乱七八糟;面切好了,我再打开电磁炉。里面的水开了,我就把鸡蛋和面条放进去一起煮,煮上几分钟,面就好了。这中途,我就打开电视,开始看我最喜欢的电视剧了。我把面捞进碗里,听爸爸说加点醋和辣子味儿会更好点,于是我就加了一些醋和辣子,最后我尝了尝我的"杰作"。呀,还不错,就是有点辣了,我得意地点点头,嘴里还吃着自己做的面。等妈妈爸爸回来,让他们尝尝我的面,一定会开心死的。

这就是我难忘的第一次,你呢?

【迁移运用】

运用先果后因的方法，写一写《第一次坐公交车》或《第一次网购》……

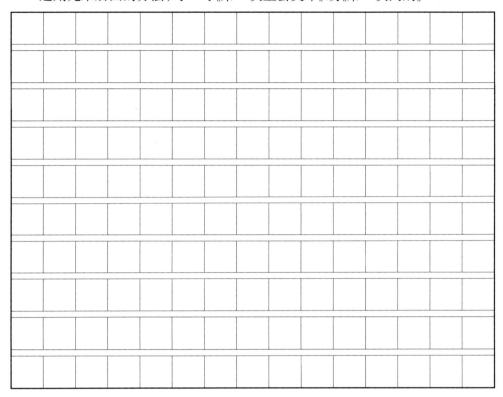

第6课　绝招

抓住动作描写，形象写活绝招

【课文链接】

　　小柱子蔫蔫地回了家，感到肚子有点饿，见奶奶正在包饺子。呀！奶奶这一手真够绝的：她一只手拿着小竹板铲馅，另一只手拿着面皮，专管攥饺子，不但攥得快，而且饺子圆鼓鼓的。要是自己会这一招，准能镇住伙伴。于是他抢过奶奶的小竹板，照奶奶的样子，包起饺子来。没想到才包了几个，个个饺子都露了馅。

　　他问奶奶："您这招是怎么会的？"

奶奶要过小竹板,说:"过去奶奶一个人要做二十来个人的饭,还要调换花样,不往快里练,成吗?"

小柱子说起刚才比绝招的事,问奶奶:"三胖和二福的绝招也是练出来的吗?"

奶奶说:"有的人,生来就特别,别人比不上,三胖长得胖,气量比别人大;人家二福那是练出来的,你没见他,天天跑几里地去体育场学武术?"

小柱子觉得奶奶说得在理,看来想拿出绝招,只有练。练点什么呢?晚上小柱子躺在炕上还在想,想着想着终于有了主意。

日子一天天过去了,小柱子始终没有忘记大树下的尴尬,暗暗在练自己的绝招。

暖屋里,炕头上,几个小伙伴又在比绝招了。只有二福来了个单臂倒立,别人都没拿出新鲜招儿。轮到小柱子了,他蹲在炕上,说:"只要你们说两个不过百的数,让我做乘法,我能立刻说出得数,保准不错!"

三胖早把嘴撇到下巴颏了。二福推推三胖,说:"试试嘛。"他随口说道:"99乘以,嗯——76!"小柱子脱口而出:"得7524!"

三胖腾地跳下炕,找了根木棍在地上演算了一遍,果然不错,咧开大嘴,说:"可以呀!"接着,他又说两个数让小柱子做乘法,经过验算,完全正确。伙伴们羡慕地竖起大拇指:"绝招,太绝了!"

小柱子高兴地说:"咱们定个日子再比一比,条件是绝招一定得是练出来的,而且要有用!"伙伴们都说行。

小柱子一握拳:"就在今年暑假!同意的举手!"

【领悟写法】

画横线的句子中"拿""铲""攥"等动词,形象地写出了奶奶的拿手绝活——包饺子。读着读着,让人仿佛就看到了奶奶那娴熟的动作,使我们不禁对奶奶产生了由衷的佩服。

【读写结合】

她毫不示弱地举起乒乓球拍,习惯性地耸耸肩,扭扭脖子,职业性地中蹲好马步,微微抬起头,露出她那双令人望而生畏的眼睛,冷笑了一声,轻声地说:"发球吧！"那个黄色的小球迅速朝她射来，她毫不犹豫地一侧身子，抡起胳膊，啪地一下打了回去。谁知，对手也不甘示弱，又一个直射球。她警觉地皱了皱眉头，左脚往后一跨，右手对准球用力一推，眼睛一刻也不离开球。对手直接一个"杀球"，使她防不胜防，输掉一球！"小子，不错嘛！"她握紧了球拍，轻轻地把球往空中一抛，以闪电的速度把球运了过去，留下两声脆响。

【迁移运用】

　　请你注意观察身边最熟悉的人，他们一般都有一样比较熟练的技术或本领，比如妈妈织毛衣、奶奶跳广场舞、弟弟打游戏……请你学习上面的方法写一写。

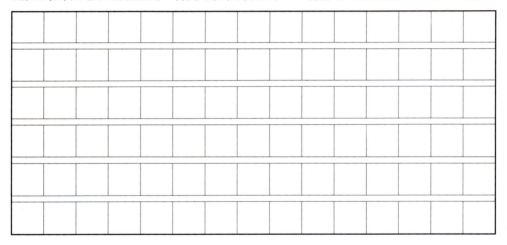

第 7 课　可贵的沉默

神态动作描写，生动表现心情

【课文链接】

　　铃声响了，开始上课。

　　我问同学们："爸爸妈妈知道你的生日在哪一天吗？"

　　"知道！""知道！"孩子们异口同声地回答。

　　"生日那天，爸爸妈妈向你们祝贺吗？"

"当然祝贺了!"又是一片肯定的回答声。

"'知道的''祝贺的'请举手!"

他们骄傲地举起了手,有的还神气十足地左顾右盼。

"把手举高,老师要点数了!"我提高了声音,"啊,这么多啊!"

我的情绪迅速地传染给了他们,他们随着我一起点起数来:"15、16、17……"越点越多,越点越兴奋,声音越来越响,前排的孩子都回过头往后看,几个男孩子索性站了起来,我也不阻止他们。几乎所有的孩子都在快乐地交谈,谈的内容当然是生日聚会、生日礼物、父母祝福……

【领悟写法】

文中描写孩子们争着说自己的父母为自己祝贺生日时的热闹场面,运用了很多神态、动作描写,如"骄傲地举起了手""神气十足地左顾右盼""索性站了起来"等,表现了同学们骄傲的心情。

【读写结合】

孙悟空只好又来到翠云山,这次他变成了铁扇公主的丈夫牛魔王的样子。铁扇公主不辨真假,把他接了进去。说到孙悟空借扇一事,假牛魔王故意捶胸道:"可惜,可惜,怎么就把那宝贝给了猢狲?"铁扇公主笑道:"大王息怒,给他的是假扇子。"假牛魔王道:"真扇子你藏在哪儿了?仔细看管好,那猢狲变化多端,小心他再骗了去。"铁扇公主说:"大王放心。"说着,将真扇子从口中吐出,只有一片杏叶儿大小。悟空大喜过望,连忙抓在手中,问道:"这般小小之物,为何能扇灭八百里火焰?"铁扇公主道:"大王,你离家两年,怎么连自家的宝贝也忘了?只要念一声口诀,这扇子就能长到一丈二尺长短。"孙悟空记在心上,将扇子噙在口中,把脸一抹,现了本相,径自出了芭蕉洞。铁扇公主气得一下子跌倒在地。

【迁移运用】

写一段《西游记》里的故事,注意写好人物的语言、动作、神态。

<table>
<tr><td></td><td></td><td></td><td></td><td></td><td></td><td></td><td></td><td></td><td></td></tr>
<tr><td></td><td></td><td></td><td></td><td></td><td></td><td></td><td></td><td></td><td></td></tr>
<tr><td></td><td></td><td></td><td></td><td></td><td></td><td></td><td></td><td></td><td></td></tr>
<tr><td></td><td></td><td></td><td></td><td></td><td></td><td></td><td></td><td></td><td></td></tr>
<tr><td></td><td></td><td></td><td></td><td></td><td></td><td></td><td></td><td></td><td></td></tr>
<tr><td></td><td></td><td></td><td></td><td></td><td></td><td></td><td></td><td></td><td></td></tr>
</table>

第9课　她是我的朋友

开头设置疑问,吸引读者眼球

【课文链接】

我听说过这样一件事。

战争时期,有一天,几发炮弹落在一所孤儿院里。两名儿童当场被炸死,还有几名儿童受了伤,其中有个小姑娘。

附近医院的医生和护士接到消息,带着救护用品迅速赶到了,经过查看,他们确认这个小姑娘伤得最重,如果不立刻抢救,就会因为休克和流血过多而死去。

输血迫在眉睫。医生和护士都不具有她的血型。有几名未受伤的孤儿却可以给她输血。一位女医生告诉这几个孤儿,如果他们不能补足这个小姑娘失去的血,她一定会死去,问是否有人愿意献血。

一阵沉默后,一只小手颤抖地举起来。忽然又放下去,然后又举起来。

"噢,谢谢你。"医生说,"你叫什么名字?"

"阮恒。"

叫阮恒的小男孩很快地躺在草垫上。他的胳膊用酒精擦拭后,一根针扎进他的血管,抽血过程中阮恒一动不动,一句话也不说。

过了一会儿,他突然啜泣了一下,全身颤抖并迅速用另一只手捂住脸。"疼吗,阮恒?"医生问道。阮恒摇摇头。但过了一会儿,他又开始呜咽,并再一次试图用手掩盖他的痛苦。医生又问是不是针刺疼了他,他又摇了摇头。

【领悟写法】

文章以"我听说过这样一件事"开头,使人产生疑问,引起阅读兴趣。

【读写结合】

小蚂蚁,只有线头那么大,多么不起眼啊,大力士=小蚂蚁,这不是怪事吗?
……

【迁移运用】

以设疑为开头,介绍自己熟悉的一个人。

第9课　太阳

运用说明方法，准确介绍事物

【课文链接】

　　我们看到太阳，觉得它并不大，实际上它大得很，130 万个地球才能抵得上一个太阳。太阳会发光，会发热，是个大火球。太阳的温度很高，表面温度约有 5500 摄氏度，就是钢铁碰到它，也会变成气。

【领悟写法】

　　理解做比较、打比方、列数字、举例子等说明方法的作用和用法。

【读写结合】

　　文具盒是红色的，正面有一个非常卡通的小女孩，黄黄的头发，红红的衣服，一双炯炯有神的大眼睛，而且，小女孩手上还拿着一个爱心形状的魔法棒呢！

　　打开文具盒，里面一共有三层，就像楼梯形状似的，也像一座美丽的小洋楼。第一层里装着几支削得尖尖的铅笔和一支吸满墨水的钢笔。第二层静静"躺"在那儿的是一把绿色的尺子和一个粉红色的橡皮擦。第三层装的是一个"热水瓶"和一张课程表，那个"热水瓶"其实就是一个黄色的卷笔刀。

　　文具盒就像一个知识的宝库。

【迁移运用】

　　用以上的说明方法介绍一下家里的某种电器。

<table>
<tr><td></td><td></td><td></td><td></td><td></td><td></td><td></td><td></td><td></td><td></td><td></td><td></td><td></td><td></td></tr>
<tr><td></td><td></td><td></td><td></td><td></td><td></td><td></td><td></td><td></td><td></td><td></td><td></td><td></td><td></td></tr>
<tr><td></td><td></td><td></td><td></td><td></td><td></td><td></td><td></td><td></td><td></td><td></td><td></td><td></td><td></td></tr>
</table>

<table>
<tr><td></td><td></td><td></td><td></td><td></td><td></td><td></td><td></td><td></td><td></td><td></td><td></td></tr>
<tr><td></td><td></td><td></td><td></td><td></td><td></td><td></td><td></td><td></td><td></td><td></td><td></td></tr>
<tr><td></td><td></td><td></td><td></td><td></td><td></td><td></td><td></td><td></td><td></td><td></td><td></td></tr>
<tr><td></td><td></td><td></td><td></td><td></td><td></td><td></td><td></td><td></td><td></td><td></td><td></td></tr>
<tr><td></td><td></td><td></td><td></td><td></td><td></td><td></td><td></td><td></td><td></td><td></td><td></td></tr>
<tr><td></td><td></td><td></td><td></td><td></td><td></td><td></td><td></td><td></td><td></td><td></td><td></td></tr>
</table>

第10课　月亮之谜

学会运用对比，描绘景物特点

【课文链接】

夜幕降临，一轮明月悬挂在高高的夜空。那皎(jiǎo)洁的月光曾引起人们多少美好的遐想！月球是从哪里来的？上面有些什么东西？它跟地球一样吗？古往今来，为了探索月球的奥秘，人类付出了巨大的劳动。

近十几年来，科学家们多次发射宇宙飞船，把月球上的石块和尘土带回来化验，还把宇航员送到月球上去探险。可是，月球上仍有许多谜，至今还未解开。

月球离地球的平均距离是384401公里。科学家们用来发射飞船的三级运载火箭，有110米高，起飞时的重量是3200吨。这样重的东西，飞向那么遥远的地方，多不简单啊！

1969年7月20日，两名美国宇航员第一次登上月球，第一眼看到的满是十分奇异的景色：在地球上，阳光是从头顶上照下来的，可这里的上空是黑洞洞的，月球表面却洒满灿烂的阳光。宇航员的周围是尘土、岩石和环形山，没有水，没有任何生命。月球是一片荒漠的世界。

把宇航员从月球上带回来的四种尘土化验一下，结果更使人感到月球还有许多的谜。

【领悟写法】

通过对文中画横线句子中"满是"和"没有……没有……"的理解,学会运用对比,描绘景物独一无二的特点。通过对例文中"这里"和"表面"的两处截然不同的理解,学会运用对比,展现景象的绚丽斑斓。

【读写结合】

那绚丽多彩的夏,我不喜欢她,她太热情;那果实累累的秋呢,我也不爱她,她太深沉;那冰冷刺骨的冬,更让人感到她的冷酷无情;只有春,那亭亭少女般的春,那充满活力的春,那生气勃勃的春为我所爱恋。

【迁移运用】

晚上市民广场的景色别具一格,肯定与白天不一样,请你学着运用对比的方法,写一个片段,突出广场的特点。

第11课　太阳是大家的

抓住事物特点,学习拟人写物

【课文链接】

西边天上的朵朵白云,

变成了红彤彤的晚霞;

从东山上升起的太阳,

到西山上就要落下!

一天中太阳做了多少好事:

她把金光往鲜花上洒,

她把小树往高处拔;

她陪着小朋友在海边戏水,

看他们扬起欢乐的浪花……

太阳就要从西山落啦!

她要去哪儿?

她要趁人们睡觉的时候,

走向另外的国家。

在别的国家里,

也有快乐的小朋友,

也有小树和鲜花。

我知道,此时,

那里的小朋友和鲜花,

正在睡梦中等她,盼她……

【领悟写法】

　　本文采用了拟人的手法，把太阳当作全世界孩子的朋友，这样就生动形象地写出了太阳与人们的密切关系。

【读写结合】

　　一天中太阳做了多少好事：

　　她把金光往河面上洒，

　　让河面变得金光闪闪；

　　她把光明送给大地，

　　让大地处处充满生机；

　　她陪着小朋友玩耍，

　　听他们欢乐的笑声；

　　她把温暖送给人们，

　　让人们心里暖洋洋！

【迁移运用】

　　运用拟人手法写写太阳和我们的关系。

第12课　一面五星红旗

抓住动作描写,凸显人物情感

【课文链接】

　　我向老板说明了自己的处境。老板听懂了我的话,却把双手一摊,表示一脸的无奈,说:"我讲究平等交易,我给你面包,你能给我什么呢？"

　　此时我身无分文,只好脱下新买的大衣。老板接过去看了看,耸了耸鼻子,还给了我。突然,老板眼里闪出亮光,他用手指着我脖子上的五星红旗,惊奇地问:"那是什么？"

　　我犹豫了一下,把国旗慢慢解下来,再展开。这面做工精致的五星红旗,经过河水的冲洗,依然是那么鲜艳。

　　老板拍了拍我的肩膀,告诉我可以用这面旗子换面包。

　　我愣了一下,然后久久地凝视着手中的五星红旗。

　　老板转身拿起一块面包,见我没有反应,以为我嫌少,又拿起两块面包递给我。

　　"可以吗？交换吧。"老板冲着我打手势。我摇摇头,吃力地穿上大衣,拿着鲜艳的国旗,趔趔趄趄地向外走去。突然,我摔倒在地上,就什么也不知道了。

　　我醒来的时候,发现自己躺在医院的病房里,身边站着的就是面包店的老板。他见我醒来,冲我竖起大拇指,说:"安心养一养,费用由我来付。"

　　这时我才发现,在我床头的花瓶里,有一束美丽、芬芳的鲜花,花丛中插着那面心爱的五星红旗。

【领悟写法】

　　画横线的段落,集中描写了人物的某种行为动作,凸显人物情感。

【读写结合】

　　小丽抿着嘴,弓着腰,蹑手蹑脚地,一步一步慢慢地靠近它。靠近了,靠近了,又见她悄悄地将右手伸向蝴蝶,张开的两个手指一合,夹住了粉蝶的翅膀。小丽高兴得又蹦又跳。

【迁移运用】

写一写某某同学上台领奖的片段，写好动作，能表现人物特点。

第13课　西门豹

描写详略得当，文章主次分明

【课文链接】

战国时候，魏王派西门豹去管理漳河边上的邺。西门豹到了那个地方，看到田地荒芜，人烟稀少，就找了位老大爷来，问他是怎么回事。

老大爷说："都是河伯娶媳妇给闹的。河伯是漳河的神，每年要娶一个年轻漂亮的姑娘。要不给他送去，漳河就要发大水，把田地全淹了。"

······

老百姓都明白了，巫婆和官绅都是骗钱害人的。从此，谁也不敢再提给河伯娶媳妇，漳河也没有发大水。

西门豹发动老百姓开凿了十二条渠道，把漳河的水引到田里。庄稼得到了灌溉，年年都得到了好收成。

【领悟写法】

本文把找原因、惩治巫婆官绅作为重点来写，而兴修水利一笔带过，体现了鲜明的层次性。写文章要有主次之分，重点突出。

【读写结合】

我有一位敬爱的老师，她是我的班主任也是我的语文老师，我们都亲切地称她为——向老师。

向老师中等身材，既美丽又温柔，白皙的皮肤，鼻子高高的，总是扎着一束卷发，一双大眼睛明亮有神，一笑起来，弯弯的，像月牙儿一样，又漂亮又迷人。

向老师总是那么耐心，一旦我们有什么问题不懂，她就会为我们仔细地讲解，直到我们弄懂为止。

记得有一次，我们正在上《去年的树》，突然有一位同学举起了手："请问老师，这个童话故事主要讲了一个什么道理呢？""好，这位同学请你坐下，你这个问题问得很好。现在我给同学们三分钟时间，仔细想想，注意，从文中找答案。"一分钟过去了，一个同学明白了做人要信守诺言。"对，这只是其中的一个道理。"又一分钟过去了，另一个同学说："做人要珍惜友谊。""对，还少了什么？"最后，同学们你一言我一语的，但是还没有找到第三个道理。这时，向老师笑了笑，对我们说："同学们请想一想，树化成了灯火，给人们带来了光明，它有怎样的精神？""我！"顿时，教室里举起了很多双手。"来，杨倩瑜，你说说看。""做人要有乐于奉献的精神！"我大声地回答道。"嗯，讲得很好，请坐下。"向老师亲切地说，"人不但要讲诚信，而且要珍惜朋友之间的友谊，最重要的还要有乐于奉献的精神。同学们，我们现在从小就要像小鸟和树一样，这样长大以后才能朋友多！快乐多！对不对？"

向老师既尽职、耐心，还像妈妈一样关心我们。

每当有同学感到身体不舒服，向老师就连忙把同学送到医务室，如果情况严重就会马上打电话通知家长，在家长没来之前，向老师就一直关心询问着，直到家长带同学上医院。

向老师像园丁，用心血浇灌着我们这些祖国的花朵；向老师像引路人，把我们带进知识的海洋；向老师像母亲，呵护着我们成长。

——《我的老师》

【迁移运用】

　　写一篇《我的老师》,注意详略得当,主次分明。

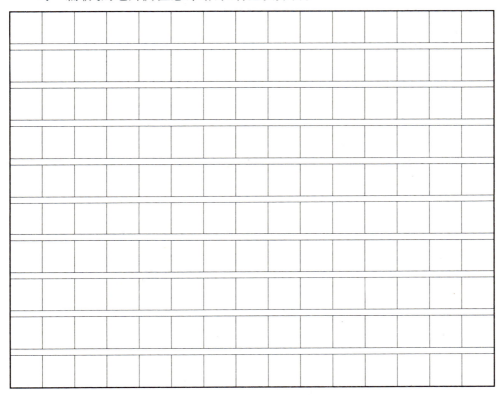

第14课　女娲补天

连续动作描写,人物形象鲜明

【课文链接】

　　不久,天火熄灭了,洪水中的人们被救上来了。可是,天上的大窟窿还在冒火。女娲决定冒着生命危险,把天补上。于是,她跑到山上,寻找补天用的五彩石。她原以为这种石头很多,用不着费多大力气。可是,到山上一看,全是一些零零星星的小块。她忙了几天几夜,找到了红、黄、蓝、白四种颜色的石头,还缺少一种纯青石。于是,她又找啊找啊,终于在一眼清清的泉水中找到了。

　　<u>五彩石找齐了。女娲先在地上挖个圆坑,把五彩石放在里面,用神火进行冶炼。炼了五天五夜,五彩石化成了很稠的液体。女娲把它装在一个大盆里,端到天边,对准那个大窟窿,往上一泼,只见金光四射,大窟窿立刻补好了。</u>

　　现在,人们常常看见天边五彩的云霞,传说那就是女娲补天的地方。

【领悟写法】

　　人物的每一个行动都是受其思想、性格制约的。文中画横线的段落,具体细致地描写了某一人物在某一情况下所做出的反应——主要是连续动作反应,显示出了人物的内心活动、处世态度、思想品质。

【读写结合】

　　我看见他戴着黑布小帽,穿着黑布大马褂,深青布棉袍,蹒跚地走到铁道边,慢慢探身下去,尚不大难。可是他穿过铁道,要爬上那边月台,就不容易了。他用两手攀着上面,两脚再向上缩;他肥胖的身子向左微倾,显出努力的样子。这时我看见他的背影,我的泪很快地流下来了。

【迁移运用】

　　写一段猪八戒口渴了来到河边喝水的动作。

四年级（上）

第1课　雅鲁藏布大峡谷

巧用排比句式,文章节奏感强

【课文链接】

　　雅鲁藏布大峡谷,映衬着雪山冰川和郁郁苍苍的原始林海,云遮雾涌,神秘莫测。<u>大峡谷的水,从固态的万年冰雪到沸腾的温泉,从涓涓细流、帘帘飞瀑到滔滔江水,真是千姿百态。大峡谷的山,从遍布热带雨林的山脉到直入云天的皑皑雪山,让人感觉如神来之笔。</u>

　　大峡谷的奇异景观还体现在生物的多样性上,在同一坡面上,从高到低形成了九个垂直自然带。不同高度的自然带呈现出不同的自然景观,犹如凌空展开的一幅神奇美丽的画卷。在这里,可以见到从寒冷的北极到炎热的赤道分布的动植物。许多珍贵的林木和花卉生长在人迹罕至的地方,各种野生动物攀援穿梭其间,真不愧"植物类型博物馆"和"动物王国"的美誉。

　　雅鲁藏布大峡谷的发现,是上个世纪人类最重要的地理事件之一。可以预料,在本世纪,雅鲁藏布大峡谷必将成为世界人民关注的一个热点。

【领悟写法】

　　文中画横线的段落,描写了雅鲁藏布大峡谷的景色,通过排比句的描写,一下子就让人体会到大峡谷景色的奇异,读来气势宏大,令人印象深刻。合理使用排比句可使文章的节奏感加强,条理性更好,更有利于表达强烈的感情。

【读写结合】

　　春雨是那么细、那么密、那么轻、那么柔。

　　如果你是一棵大树,就撒下一片阴凉;如果你是一泓清泉,就滋润一方土地;如果你是一棵小草,就增添一分绿意;如果你是一朵鲜花,就点缀一角天空。

【迁移运用】

从 _____，从 _____，从 _____，到处可以看到环卫工人忙碌的身影。

从人际交往中，我们应该懂得 _____；从 _____ 中，我们应该学会爱惜时间；从 _____ 中，我们 _____。

第2课　鸟的天堂

紧扣重点词语，学多角度描写

【课文链接】

第二天，我们划着船到一个朋友的家乡去。那是个有山有塔的地方。从学校出发，我们又经过那"鸟的天堂"。

这一次是在早晨。阳光照耀在水面，在树梢一切都显得更加光明了。我们又把船在树下泊了片刻。起初周围是静寂的。后来忽然响起了一声鸟叫。我们把手一拍，便看见一只大鸟飞了起来。接着又看见第二只、第三只。我们继续拍掌，树上就变得热闹了，到处都是鸟声，到处都是鸟影。大的，小的，花的，黑的，有的站在树枝上叫，有的飞起来，有的在扑棱翅膀。

我注意地看着，眼睛应接不暇，看清楚了这只，又错过了那只，看见了那只，另一只又飞起来了。一只画眉鸟飞了出来，被我们的掌声一吓，又飞进了叶丛，站在一根小枝上兴奋地叫着，那歌声真好听。

当小船向着高塔下面的乡村划去的时候，我回头看那被抛在后面的茂盛的榕树。我感到一点儿留恋。昨天是我的眼睛骗了我，那"鸟的天堂"的确是鸟的天堂啊！

【领悟写法】

课文重点写作者两次经过"鸟的天堂"，第一次是对大榕树的描写，写出了榕树的大与茂盛；第二次写鸟飞、鸟鸣的画面。在描写鸟飞、鸟鸣的画面时，通过具体的描写画面，突出了何为"应接不暇"。这样通过具体描写的方法，写出事物的特点，可使句子更加具体、形象、完整。

【读写结合】

　　吱的一声，车门打开了，早已等候多时的人们迫不及待地向车门涌去。刹那间，出现了许许多多的手，无不方向一致地伸向车门，企图抓住它。地上，皮鞋、球鞋相互踩着，一片叫喊，挤成一团。

【迁移运用】

　　利用"有的……有的……还有的……"写出人们在大堤上观潮时的不同等候状态。

	江	潮	还	没	有	来	，	海	塘	大	堤	上	早
已	人	山	人	海	，	有	的	人				

第3课　蟋蟀的住宅

运用对比描写，凸显事物特点

【课文链接】

　　居住在草地上的蟋蟀，差不多和蝉一样有名。它的出名不光由于它的唱歌，还由于它的住宅。

　　别的昆虫大多在临时的隐蔽所藏身。它们的隐蔽所得来不费工夫，弃去毫不可惜。蟋蟀和它们不同，不肯随遇而安。它常常慎重地选择住址，一定要排水优良，并且有温和的阳光。它不利用现成的洞穴，它的舒服的住宅是自己一点一点挖掘的，从大厅一直到卧室。

蟋蟀怎么会有建筑住宅的才能呢？它有特别好的工具吗？没有。蟋蟀并不是挖掘技术的专家，它的工具是那样柔弱，所以人们对它的劳动成果感到惊奇。

在儿童时代，我到草地上去捉蟋蟀，把它们养在笼子里，用菜叶喂它们。现在为了研究蟋蟀，我又搜索起它们的巢穴来。

在朝着阳光的堤岸上，青草丛中隐藏着一条倾斜的隧道，即使有骤雨，这里也立刻就会干的。隧道顺着地势弯弯曲曲，最多不过九寸深，一指宽，这便是蟋蟀的住宅。出口的地方总有一丛草半掩着，就像一扇门。蟋蟀出来吃周围的嫩草，决不去碰这一丛草。那微斜的门口，经过仔细耙扫，收拾得很平坦。这就是蟋蟀的平台。当四周很安静的时候，蟋蟀就在这平台上弹琴。

【领悟写法】

本文开头通过蟋蟀与蝉、与别的昆虫进行对比，来衬托蟋蟀的住宅，更突出蟋蟀住宅的特点。语言很有趣味性，吸引了读者的阅读兴趣——为什么出名？蟋蟀住宅和别的昆虫的洞穴有什么不一样呢？

【读写结合】

要下雨了，蚂蚁们忙碌起来，有的搬食物，有的搬土块，还有的三五成群急匆匆地赶路，来来往往，整齐有序，就像抗洪救灾的部队官兵。

【迁移运用】

运用对比的方法，将在课堂上讨论问题的内容动笔写一写。

<table>
<tr><td></td><td></td><td></td><td></td><td></td><td></td><td></td><td></td><td></td><td></td><td></td></tr>
<tr><td></td><td></td><td></td><td></td><td></td><td></td><td></td><td></td><td></td><td></td><td></td></tr>
<tr><td></td><td></td><td></td><td></td><td></td><td></td><td></td><td></td><td></td><td></td><td></td></tr>
<tr><td></td><td></td><td></td><td></td><td></td><td></td><td></td><td></td><td></td><td></td><td></td></tr>
</table>

第4课　爬山虎的脚

形状颜色变化,动静结合巧妙

【课文链接】

爬山虎的脚长在茎上,茎上长叶柄的地方,反面伸出枝状的六七根细丝,每根细丝像蜗牛的触角。细丝跟新叶子一样,也是嫩红的。这就是爬山虎的脚。

爬山虎的脚触着墙的时候,六七根细丝的头上就变成了小圆片,巴住墙。细丝原先是直的,现在弯曲了,把爬山虎的嫩茎拉一把,使它紧贴墙上。爬山虎就是这样一脚一脚地往上爬。如果你仔细观察那些细小的脚,你会想起图画上蛟龙的爪子……

【领悟写法】

对写爬山虎这一类植物同学们往往会束手无策,而这一片段为我们写植物提供了很好的依据。分别写了爬山虎脚的形状、颜色以及变化,而且动静结合,特别是一连串的动作加入,让爬山虎生机勃勃,更感受到生活中注意仔细观察的乐趣。

结合例文,同学们应该明确:作者分别从哪些方面写了爬山虎的脚,结合相关语句说一说(形状、颜色、变化等)。

把例文和没有动词加入的句子进行比较,体会动词加入后动静结合的妙处。

同学们通过提供相关读写材料,交流如何能写得更生动形象——颜色、形状、动作,让事物动起来。

【读写结合】

　　你瞧，公园里的菊花开得多漂亮啊！一朵朵、一簇簇，争奇斗艳，含芳吐香。有的是花骨朵儿，有的几朵花簇在一起，有的像少女的卷发，有的似老爷爷的拐杖，有的若蛟龙的爪子……真是千姿百态啊！

【迁移运用】

　　用形色变化、动静结合的方法写写菊花或其他植物。

第5课 巨人的花园

采用对比手法,使内容更鲜明

【课文链接】

村子里又开出美丽的鲜花,不时传来小鸟的欢叫。

但不知为什么,巨人的花园里仍然是冬天,天天狂风大作,雪花飞舞。

巨人激动地跑到花园里,他看到花园里草翠花开,有许多孩子在欢快地游戏。与此同时,鲜花凋谢,树叶飘落,花园又被冰雪覆盖了。

……

赶走孩子以后,巨人在花园周围砌起围墙,而且竖起一块"禁止入内"的告示牌。于是,他立刻拆除围墙,把花园给了孩子们。

……

【领悟写法】

课文中多次运用对比进行写作,如巨人回来之前和巨人回来之后花园的不同景色;春天来了花园内外的不同变化;孩子们进入花园和巨人赶走孩子们后花园的不同景色;还有巨人的行为对比、态度对比,正是在一次次的对比中揭示了文章的主题。

【读写结合】

梅花不与百花争时光,不和群芳斗艳丽。它的美,比起娇艳的牡丹、绚丽的月季、清秀的荷花来说,别有一番风味。即使它不如茉莉清香,不如菊花美丽,不如桃花艳丽,但它的确很美,它的美绽放在风雪中,盛开在风雨里,开在没人看见的地方。当人们饱赏百花之俏丽,走出门外,看到一株傲于风雪之中的红梅时,谁能不为它倾倒?谁能不被它征服?谁能不被它别具一格的美丽所吸引呢?是因为它的精神吗?

【迁移运用】

运用对比的方法,写一写花园里春天与冬天的不同景象。

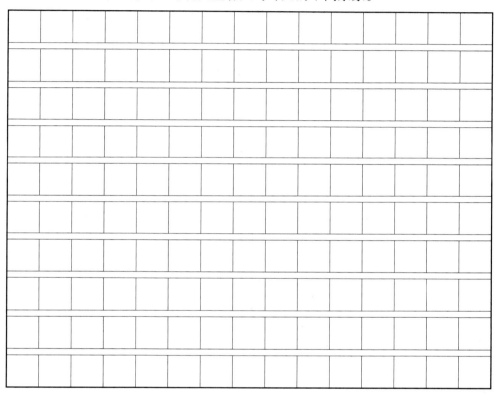

第6课　去年的树

学朴实的对话,体现人物特点

【课文链接】

树对鸟儿说:"再见了,小鸟! 明年春天请你回来,还唱歌给我听。"

鸟儿说:"好的,我明年春天一定回来,给你唱歌。请等着我吧!"鸟儿说完,向南方飞去了。

　　春天又来了,原野上、森林里的雪都融化了。鸟儿又回到这里,找她的好朋友树来了。可是,树不见了,只剩下树根留在那里。

　　"立在这儿的那棵树,到什么地方去了呀?"鸟儿问树根。

　　树根回答:"伐木人用斧子把他砍倒,拉到山谷里去了。"

　　鸟儿向山谷里飞去。

　　山谷里有个很大的工厂,锯木头的声音,"沙——沙——"地响着。鸟儿落在工厂的大门上。她问大门:"门先生,我的好朋友树在哪儿,您知道吗?"

　　大门回答说:"树么,在厂子里给切成细条条儿,做成火柴,运到那边的村子里卖掉了。"

　　鸟儿向村子飞去。

　　在一盏煤油灯旁,坐着个小女孩。鸟儿问女孩:"小姑娘,请告诉我,你知道火柴在哪儿吗?"

　　小女孩回答说:"火柴已经用光了。可是,火柴点燃的火,还在这盏灯里亮着。"

　　鸟儿睁大眼睛,盯着灯火看了一会儿。

　　接着,她就唱起去年唱过的歌给灯火听。

　　唱完了歌,鸟儿又对着灯火看了一会儿,就飞走了。

【领悟写法】

　　《去年的树》这篇童话主要通过对话展开故事情节,推动故事情节的发展。全文一共有四次对话,分别是鸟与树、鸟与树根、鸟与门先生、鸟与小姑娘的对话。从树与鸟儿的第一次对话中,表现了两位好朋友之间的难舍难分之情。鸟儿向树根询问树的去向,表现了鸟儿内心的焦急。

【读写结合】

　　一个夏天的傍晚,我们全家人在院里乘凉。这时妈妈抱出一个圆滚滚、碧绿的大西瓜。

　　妈妈还没开口,我马上用命令的口吻说:"妈妈,我要吃半个西瓜。"

　　哥哥说:"你怎么老是这么霸道,这一回不能再惯着你了!"

　　我听后一下子冲到了他面前,恨不得鼻尖对鼻尖地向他喊:"谁霸道,谁霸道,你都是中学生了，还不说让我一点！"

妈妈说："哥哥说得对，你也太……"

话还没说完，姥姥便说："得了，得了，哪有这么多话说，就算俺要半个瓜吧，赶紧切给他吧。"

妈妈无可奈何地把半个西瓜递给了我。我拿过瓜便狼吞虎咽地吃了起来。哥哥在一旁瞪了我一眼，随后便把一块瓜递给了姥姥。

"还是老大孝顺。"姥姥夸着哥哥，我听了心里感到真不是滋味。

【迁移运用】

把下面的内容，用对话形式写出来。要求必须围绕中心，一层一层地叙述，同时还要恰当地展开联想和想象。

晚上睡觉前，小松拿着一本小说躺在床上看起来。妈妈劝他不要看，说躺在床上看书会伤害眼睛。小松不相信。妈妈耐心地给他讲保护眼睛的道理。妈妈讲得那么具体，小松听得那么专心，还不时地提问。小松明白道理以后，连忙把手中的小说放在一边。

第7课 白鹅

围绕中心句子,巧写动物特点

【课文链接】

鹅的高傲,更表现在它的叫声、步态和吃相中。

鹅的叫声,音调严肃郑重,似厉声呵斥。它的旧主人告诉我:养鹅等于养狗,它也能看守门户。后来我看到果然如此:凡有生客进来,鹅必然厉声叫嚣;甚至篱笆外有人走路,它也要引吭大叫,不亚于狗的狂吠。

鹅的步态,更是傲慢了。大体上与鸭相似,但鸭的步调疾速,有局促不安之相;鹅的步调从容,大模大样的,颇像京剧里的净角出场。它常傲然地站着,看见人走来也毫不相让;有时非但不让,竟伸过颈子来咬你一口。

【领悟写法】

开头以一句总起句概括地写出了鹅的声音、步态的特点,接着紧紧围绕特点,运用具体事例和描写声音和步态的词语来叙述,并运用对比和比喻,让我们真切地感受到鹅的高傲。

本文按照总分结构组织内容。每段的第一句话都是该段的中心句,这样的写法,使文章表达自然,条理清楚。

【读写结合】

青蛙很喜欢躲在草丛里,偶尔也叫几声。它们叫得最欢的时候是在大雨过后。每当这时如果有一只叫,旁边的也就随着叫了起来。几十只甚至上百只青蛙呱呱地叫个不停,那声音能够传到几里地以外,多像一曲气势磅礴的交响乐呀!

【迁移运用】

运用总分结构,写写喜爱的小动物的一个特点(吃食、睡觉、玩耍等)。

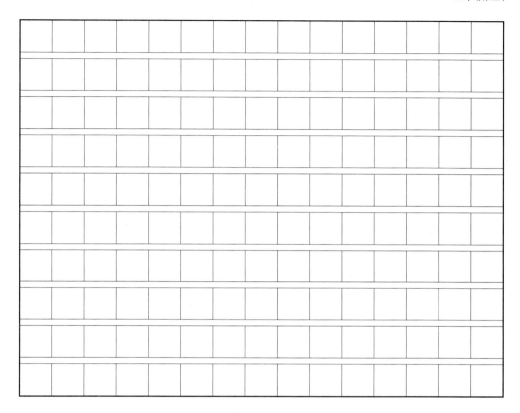

第9课　猫

列举具体事例,表现猫的特点

【课文链接】

　　猫的性格实在有些古怪。说它老实吧,它有时候的确很乖。它会找个暖和的地方,成天睡大觉,无忧无虑,什么事也不过问。可是,它决定要出去玩玩,就会出去走一天一夜,任凭谁怎么呼唤,它也不肯回来。说它贪玩吧,的确是呀,要不怎么会一天一夜不回家呢?可是,它听到老鼠的一点响动,又是多么尽职。它屏息凝视,一连就是几个钟头,非把老鼠等出来不可!

【领悟写法】

作者通过对猫的细致观察,用具体事例表现猫的性格特点。

写小动物时,应抓住其最突出的特点,列举有趣的事例,将这些特点和事例有条理地描写出来。

【读写结合】

但是,这大王的脾气有时实在不好。有一次,邻居家的一只公鸡从墙上飞下来,想偷吃地上的玉米粒,它一看可生气了,竖起鸡冠,怒冲冲地扇着翅膀,伸着长长的脖子,像一把箭似的向前冲去。突然,它大叫一声,弓着腰,脖子上的毛像扇子一样蓬松开来,腾空而起,向那只鸡扑去,那只鸡看到我们家这只来势凶猛的鸡大王,不敢恋战,仓皇地逃跑了。

【迁移运用】

运用具体事例,写写喜爱的小动物的一个特点(贪玩、贪吃、懒惰等)。

第9课　颐和园

移步换景观察,有序描写景物

【课文链接】

　　北京的颐和园是个美丽的大公园。

　　进了颐和园的大门,绕过大殿,就来到有名的长廊。绿漆的柱子,红漆的栏杆,一眼望不到头。这条长廊有700多米长,分成273间。每一间的横槛上都有五彩的画,画着人物、花草、风景,几千幅画没有哪两幅是相同的。长廊两旁栽满了花木,这一种花还没谢,那一种花又开了。微风从左边的昆明湖上吹来,使人神清气爽。

　　走完长廊,就来到了万寿山脚下。抬头一看,一座八角宝塔形的三层建筑耸立在半山腰上,黄色的琉璃瓦闪闪发光。那就是佛香阁。下面的一排排金碧辉煌的宫殿,就是排云殿。

　　登上万寿山,站在佛香阁的前面向下望,颐和园的景色大半收在眼底。葱郁的树丛,掩映着黄的绿的琉璃瓦屋顶和朱红的宫墙。正前面,昆明湖静得像一面镜子,绿得像一块碧玉。游船、画舫在湖面慢慢地滑过,几乎不留一点儿痕迹。向东远眺,隐隐约约可以望见几座古老的城楼和城里的白塔。

　　从万寿山下来,就是昆明湖。昆明湖围着长长的堤岸,堤上有好几座式样不同的石桥,两岸栽着数不清的垂柳。湖中心有个小岛,远远望去,岛上一片葱绿,树丛中露出宫殿的一角。游人走过长长的石桥,就可以去小岛上玩。这座石桥有十七个桥洞,叫十七孔桥;桥栏杆上有上百根石柱,柱子上都雕刻着小狮子。这么多的狮子,姿态不一,没有哪两只是相同的。

　　颐和园到处有美丽的景色,说也说不尽,希望你有机会去细细游赏。

【领悟写法】

　　《颐和园》整篇文章以移步换景的顺序展开描写,同学们在写游记、介绍一处景物时,都可采用移步换景的顺序进行描写。

文章的第四段采用方位顺序具体描写作者登上万寿山顶后，根据作者的视角变化，利用方位顺序——介绍了山下、正前面和远处的景色。

"昆明湖静得像一面镜子，绿得像一块碧玉"，属于同一事物的连续比喻，也是值得学习的一个点。

【读写结合】

孩子的笑脸，像初升的朝阳，像盛开的鲜花，像跳荡的火焰，给人以无限希望。

教室前面的墙壁上是一块长方形的大黑板，那是老师向我们传授知识的地方。黑板的左边是一排整齐的书架，里面琳琅满目地放着各种书刊，让我们遨游在知识的海洋里。教室的左墙格外引人注目，它内容丰富，有《作文园地》《小学生手册》和《评比栏》。《作文园地》里贴着一张张色彩鲜艳、字体清秀、图画美丽的作文，供同学们交流学习心得。教室的右墙上有四扇大窗户，镶嵌在窗框上的一块块玻璃，被擦得干净透亮。玻璃窗下面是《儿童小天地》，里面有许多玩具和各种植物，让我们在玩耍中了解各种知识。站在讲台上往下看，一排排课桌椅排列得整整齐齐，教室里显得井井有条。

【迁移运用】

利用方位顺序，写一写自己站在学校教学楼上看到的景色。注意随着视角的变化，景色也变化。

站	在	教	学	楼	三	楼	向	下	望	，	只	见

（空格稿纸）

第10课　秦兵马俑

排比句式延展,联想具体生动

【课文链接】

兵马俑不仅规模宏大,而且类型众多,个性鲜明。

将军俑身材魁梧,头戴鹖冠,身披铠甲,手握宝剑,昂首挺胸。那神态自若的样子,一看就知道是久经沙场,重任在肩。

武士俑平均身高约1.8米,体格健壮,体形匀称。它们身穿战袍,披挂铠甲,脚蹬前端向上翘起的战靴,手持兵器,整装待发。

骑兵俑上身着短甲,下身着紧口裤,足蹬长靴,右手执缰绳,左手持弓箭,好像随时准备上马冲杀。

马俑与真马一般大小,一匹匹形体健壮,肌肉丰满。那跃跃欲试的样子,好像一声令下,就会撒开四蹄,腾空而起,踏上征程。

每个兵马俑都是极为精美的艺术珍品。仔细端详,神态各异:有的颔首低眉,若有所思,好像在考虑如何相互配合,战胜敌手;有的目光炯炯,神态庄重,好像在暗下决心,誓为秦国统一天下做殊死拼搏;有的紧握双拳,好像在听候号角,待命出征;有的凝视远方,好像在思念家乡的亲人……走近它们的身旁,似乎能感受到轻微的呼吸声。

秦兵马俑,在古今中外的雕塑史上是绝无仅有的。它惟妙惟肖地模拟军阵的排列,生动地再现了秦军雄兵百万、战车千乘的宏伟气势,形象地展示了中华民族的强大力量和英雄气概。

【领悟写法】

《秦兵马俑》画横线这一段描写,采用排比句式,运用联想,写出了兵马俑的神态各异。在练笔当中,同学们可采用此种方法,续写其他兵马俑的样子,将场景或事物写详细、写生动。

【读写结合】

有的拔剑出鞘,威风凛凛,好像誓与敌军交战,杀他个片甲不留;有的紧握双拳,神态庄重,好像要奋勇杀敌,为秦国争光;有的低头不语,好像在思考作战计划;有的闭目养神,好像在为下一场战斗做准备;有的咬紧牙关,好像在为国捐躯做准备。

【迁移运用】

选取下面其中之一完成。

观察图片中的黄山奇石,运用想象,写出各种奇石的样子。

观察不同姿态的菊花,运用想象,写出各种菊花的姿态,将其生动化、具体化。

第11课　搭石

动作声音画面，美感丰富立体

【课文链接】

如果前面的人突然停住，后边的人没处落脚，就会掉进水里。每当上工、下工，一行人走搭石的时候，动作是那么协调有序！前面的抬起脚来，后面的紧跟上去，踏踏的声音，像轻快的音乐；清波漾漾，人影绰绰，给人画一般的美感。

【领悟写法】

本段凸显一个"美"字，为了让这样的美更有层次感，丰富画面美的立体效果，从动作美、声音美、画面美三方面层次递进，丰满画质，值得我们细究、运用。

读文段，想想为了凸显这样的美，从哪几方面让我们感受到这样的美（动作美、声音美、画面美）。

对比感知：先出现第一句，再出现第二句，和原文对比，同学们体会单一的美和立体美的妙处。

结合读写材料交流：如何让这样的场景更加美（动作美、声音美、画面美）。

【读写结合】

公鸡喔喔打鸣的时候，我知道该起床了。我吃过早饭，背上书包咚咚咚跑下楼去上学。在楼下，老奶奶领着的小狗汪汪地叫着，好像在和我打招呼。"呼"风婆婆和我撞了个满怀。汽车嗖地从我身边驶过。我高高兴兴地走着，小鸟在树枝上叽叽喳喳地叫着，仿佛在唱着一首动听的歌，树叶被风吹得的沙沙作响，好像在给小鸟伴奏。我来到教室，同学们朗朗的读书声感染了我。

【迁移运用】

结合讨论的方法，将舞蹈表演画面的美写得更有层次感。

		瞧	，	舞	台	上	正	在	表	演	的	是	我	们
班	的	爵	士	舞	，									

第12课 跨越海峡的生命桥

环境描写巧衬托，点滴运用显对比

【课文链接】

1999年9月22日，早晨7时30分，阳光洒满了美丽的杭州市，桂树还没有开花，晨风中已经飘来甜丝丝的香气。

小钱静静地躺在病床上。灿烂的阳光没有使他苍白的脸红润起来。这个刚满18岁的年轻人，患了严重的白血病，生命就像即将凋零的含苞的花朵，唯有骨髓移植，才能使这朵生命之花绽放。然而，要找到适合移植的骨髓，又谈何容易。如果没有亲缘关系，大约在十万人里才有可能找到一个有适合骨髓的人。小钱是幸运的，几经辗转，终于在台湾找到了这样的人。

在同一时刻，海峡彼岸的台湾花莲慈济医院，骨髓移植专家李博士正步履匆匆匆地走进手术室。一位青年躺在病床上,等候着他来抽取骨髓。就在昨天,一场里氏 7.3 级的大地震袭击了台湾地区。此刻,大地仍在余震中摇晃。

在这场灾难中,病床上的青年没有受伤,他的家人是否平安无事,目前还不清楚。但是,他知道,在海峡的另一边,有一位青年正满怀着希望,期待着他的骨髓。

针头向皮肤刺去,一阵突如其来的余震,使针头从肌肤里脱落,李博士不得不停止工作。此时此刻,跑到空旷的地方才比较安全。但是,李博士仍沉着地站在病床旁,那位青年也静静地躺在病床上。经过一次又一次的努力,利用大地震动暂停的间隔,台湾青年的骨髓,终于从身躯里涓涓流出……

【领悟写法】

文中的环境描写使人读了很有幸福美妙之感, 然而后面发生的事却是悲惨的,这样的环境描写就是为了形成鲜明的对比,吸引读者,更容易入境。

【读写结合】

65,怎么才 65 分? 这……这次考得这么差! 听到分数的我,就像泄了气的皮球,耷拉着脑袋,无精打采……

【迁移运用】

用环境描写巧衬托,点滴运用显对比的方法加上恰当的环境描写,写写自己考了 100 分或者不及格时的情景。

第13课　那片绿绿的爬山虎

借助景物抒情,寄寓情感于景

【课文链接】

那天下午,天气很好。我来到叶老先生住的四合院。刚进里院,一墙绿葱葱的爬山虎扑入眼帘。夏日的燥热仿佛一下子减少了许多,阳光都变成绿色的,像温柔的小精灵一样在上面跳跃着,闪烁着迷离的光点。

叶老先生见了我,像会见大人一样同我握了握手,一下子让我觉得距离缩短不少。

我们的交谈很融洽,仿佛我不是小孩,而是大人,一个他的老朋友。他亲切之中蕴含的认真,质朴之中包含的期待,把我小小的心融化了,以至不知黄昏的到来。落日的余晖染红窗棂,院里那一墙的爬山虎,绿得沉郁,如同一片浓浓的湖水,映在客厅的玻璃窗上,不停地摇曳着,显得虎虎有生气。

【领悟写法】

画横线的句子表面上是在写爬山虎,实则表达作者的情感,抒发了"我"因见到大作家叶圣陶,聆听了他的教诲,树立了写作信心的心情。这就是借景抒情。

必须情由景生、有感而发,这样才能达到情中有景、景中有情的境界。

明确写景的目的就是为了抒情,因此,必须以情为主,以景为辅。

借景抒情又称寓情于景,是指作者带着强烈的主观感情去描写客观景物,把自身所要抒发的感情、表达的思想寄寓在此景此物中。

【读写结合】

大雪压青松,青松挺且直,这是人们对青松的描述。在寒冷的严冬,它依然挺立如初。这正是一种坚韧,一种毅力,一种顽强的生命力的体现啊!

【迁移运用】

根据提示,运用借景抒情的方法写一段话。

		这	次	考	试	得	了	第	一	，	走	在	放	学
回	家	的	路	上	，	我	看	到						

第14课　乌塔

联系生活实际,寻找写话动情点

【课文链接】

一阵阵丁零丁零的闹钟声惊醒了我……

乌塔随身带了个小闹钟,可以提醒自己按时起床。

她告诉我,罗马很热,街上小摊卖的冰淇淋和水都很贵,你要到超级市场去买。

乌塔说她在家里就设计好了旅行路线和日程,每到一地就先查警察局的电话号码,以便遇到危险和困难时请求帮助。然后给家里拨个电话或寄张明信片。

乌塔说为这次旅行她准备了整整三年,读了很多有关这些国家的书籍,每个周末去帮餐馆超市分发广告单,假期还到别人家里陪儿童玩。

【领悟写法】

课文中写了一些乌塔说的话和做的事,在写读后感时要对乌塔的这些言行发表自己的看法。另外,还要结合自己的生活实际,谈谈自己缺乏的是什么,今后有什么打算。

【读写结合】

今天我们学习了《乌塔》这篇课文,乌塔在 14 岁就能单独游历欧洲,我被乌塔大胆、细心、独立等品质折服了。读了课文后,我的心里掀起了巨浪,同时也产生了疑问:为什么中国的孩子不能独立自主呢? 难道所谓的"安全"才是对孩子爱的表现吗? 我们是一群渴望去窗外自由飞翔的小鸟,而现在的家长对我们的溺爱简直是捧在手里怕掉了,含在嘴里怕化了,父母的过分关爱让我们感觉快要窒息了……

【迁移运用】

就乌塔的旅行,你有什么评价,或受到什么启发,简要写下来。

第15课　呼风唤雨的世纪

巧学例句方法，合理迁移写法

【课文链接】

　　人类在上百万年的历史中，一直生活在一个依赖自然的农耕社会。那时没有电灯，没有电视，没有收音机，也没有汽车。人们只能在神话中用"千里眼""顺风耳"和腾云驾雾的神仙，来寄托自己的美好愿望。我们的祖先大概谁也没有料到，在最近的一百年中，他们的那么多幻想纷纷变成了现实。20世纪的成就，真可以用"忽如一夜春风来，千树万树梨花开"来形容。

　　20世纪，人类登上月球，潜入深海，洞察百亿光年外的天体，探索原子核世纪的奥秘；20世纪，电视、程控电话、因特网以及民航飞机、高速火车、远洋船舶等，日益把人类居住的星球变成联系紧密的"地球村"。人类生活的舒适和方便，是连过去的王公贵族也不敢想的。科学在改变着人类的精神文化生活，也在改变着人类的物质生活。

【领悟写法】

　　这两个自然段运用了做比较的方法。做比较是将两种类别相同或不同的事物、现象等加以比较来说明事物的特点，以给读者留下深刻的印象。

　　用来做比较的事物必须与被比较的事物有共同点。

　　用来做比较的事物必须是常见的、易懂的，这样才能使被说明的事物变得具体、生动。

　　比较有时是两种事物之间的比较，有时是同一事物不同时期情况的比较。

【读写结合】

　　20世纪，人类登上月球，潜入深海，科学在改变着人类的精神文化生活，也在改变着人类的物质生活。

【迁移运用】

根据提示,用做比较的方法写一段话。

		我	认	为	铅	笔	用	起	来	更	加	方	便	一
些	。	短	了	、	折	了	,	直	接	用	刀	一	削	;
写	错	了	,	用	橡	皮	轻	轻	一	擦	,	简	单	又
干	净	。	而	圆	珠	笔								

第16课　电脑住宅

按照转换顺序,表现事物特点

【课文链接】

在某城市的中心,有一栋实验性的电脑住宅。这座住宅里安装了一百多台电脑,一切都由电脑指挥。

住宅的大门外有一根竖杆,上面安装着风向标。它同室内的电脑相连,将室外的温度、湿度、风力和风向等数据输入电脑。电脑根据这些气象资料,为主人提供一个既节能又舒适的家居环境。

要想进入住宅必须要输入密码。门口还装有微型摄像机，能将客人的面貌特征输入电脑。如果电脑确认你是"未经登记"的陌生人，你即便知道密码也无法将大门打开。这时，只有主人下达"同意入内"的指令后，大门才会打开。

进入住宅，轻松悦耳的乐曲会立即播放。沿着门厅走进会客室，发现里面只有几件家具。原来，其他物品都分门别类地放在地下仓库的"集装箱"里。需要的时候，可以通过电脑，将相关的"集装箱"调运到指定的地方，以便取出或放回物品。

厨房在一楼，里面有一套教人做菜的电脑装置。电脑储存了中餐、西餐和日本菜等的烹调方法的资料。它能告诉人们如何备料、烹饪，还能示范如何操作和自动控制烹炒的火候。

卧室在二楼，床头有一个写着"休息"二字的开关。主人在睡觉前，只要按一下开关，整栋房子便进入"休息状态"。除走廊等处留有必要的灯光外，其他地方的灯全部熄灭。这时，没有关闭的窗户自行关闭，空调系统减弱风力，房子四周的防盗报警装置进入工作状态。这一切将持续到第二天早晨主人起床为止。

浴室的装置也受电脑指挥，人们可以预约洗澡时间。如果想一回家就能洗上热水澡，可以给家里的电脑发指令，告知使用浴室的时间，到时候浴缸里便会放满热水，做好洗浴的准备。

住宅里的所有电脑全部设在暗处，在室内见不到。它们各有各的职能，分工负责，同时又互相连接，以便对环境做出综合判断，为主人提供舒适的生活条件。

【领悟写法】

所谓按空间转换顺序描写事物就是把所要记述事物的方向、位置，按空间进行排列，或从远到近，从近到远；或从上到下，从下到上；或从左到右，从右到左；或从内到外，从外到内；或从整体到局部，从局部到整体进行描写。

空间转换不是随意变换地点和位置。

空间位置的转换要符合文章表达的需要，符合观察顺序。

要注意整体和部分的关系，做到从整体着眼把握特征，从部分入手突出重点。

【读写结合】

首先映入眼帘的，是我家最显眼的植物——月季花。正对我们的是宽敞明亮的客厅。阳光通过窗户照射在地面上，洁白的地板可以映出你的影子。

【迁移运用】

按空间转换顺序，写写自己的房间。

		一	进	入	我	的	房	间	，	首	先	映	入	眼
帘	的	是	正	前	方	墙	上	的	全	家	福	。		

四年级（下）

第1课 桂林山水

排比总分构段，巧用描写景物

【课文链接】

人们都说："桂林山水甲天下。"我们乘着木船荡漾在漓江上，来观赏桂林的山水。

我看见过波澜壮阔的大海，玩赏过水平如镜的西湖，却从没看见过漓江这样的水。漓江的水真静啊，静得让你感觉不到它在流动；漓江的水真清啊，清得可以看见江底的沙石；漓江的水真绿啊，绿得仿佛那是一块无瑕的翡翠。船桨激起的微波扩散出一道道水纹，才让你感觉到船在前进，岸在后移。

我攀登过峰峦雄伟的泰山，游览过红叶似火的香山，却从没看见过桂林这一带的山，桂林的山真奇啊，一座座拔地而起，各不相连，像老人，像巨象，像骆驼，奇峰罗列，形态万千；桂林的山真秀啊，像翠绿的屏障，像新生的竹笋，色彩明丽，倒映水中；桂林的山真险啊，危峰兀立，怪石嶙峋，好像一不小心就会栽倒下来。

这样的山围绕着这样的水，这样的水倒映着这样的山，再加上空中云雾迷蒙，山间绿树红花，江上竹筏小舟，让你感到像是走进了连绵不断的画卷，真是"舟行碧波上，人在画中游"。

【领悟写法】

文中画横线的三个分句结构相同，构成了排比句式，全面地写出了漓江水的特点，句式整齐，有一种韵律美，抒发了强烈的赞叹之情。

从不同方面把事物写具体，训练同学们运用排比的能力，学习总分构段的方法。按这样的方法描写观察到的景物。

想想该景物可以分为几大类。

仔细观察每一类景物，充分调动自己的感官，多角度、多方面捕捉景物的特点。

在描绘景物的过程中，表达出自己对景物的赞美与热爱之情。

【读写结合】

我看见过从乱石丛中穿过的泉水，欣赏过从岩石缝间汩汩涌出的山泉，却从没见过，奇迹般地出现在四周都是高耸的沙山间的月牙泉。月牙泉真奇啊，它的形状真的宛如天上的一轮新月；月牙泉真清啊，尽管周围沙山环绕，却依然清澈得可以看见泉底的沙石和泉内的小乌龟；月牙泉真绿啊，绿得仿佛是一块无瑕的翡翠；月牙泉真神啊，冬暖夏凉，冬天冒着热气，夏天凉气逼人。漫步在月牙泉边，仿佛置身于仙境之中！

【迁移运用】

用排比、总分构段的方法，写一处自然景物。

第2课 七月的天山

移步换景过渡,分别描绘景物

【课文链接】

七月间新疆的戈壁滩炎暑逼人,这时最理想的是骑马上天山。

进入天山,戈壁滩上的炎暑就远远地被撇在后边,迎面送来的雪山寒气,立刻会使你感到像秋天似的凉爽。天山融化的雪水,从高悬的山涧、从峭壁断崖上飞泻下来,像千百条闪耀的银链。这飞泻下来的雪水,在山脚汇成冲击的溪流,浪花往上抛,形成千万朵盛开的白莲。可是每到水势缓慢的洄水涡,却有鱼儿在跳跃。当这个时候,饮马溪边,你坐在马鞍上,就可以俯视那阳光透射到的清澈的水底,在五彩斑斓的水石间,鱼群闪闪的鳞光映着雪水清流,给寂静的天山添上了无限的生机。

再往里走,天山越来越优美,沿着白皑皑群峰的雪线以下,是蜿蜒无尽的翠绿的原始森林,密密的塔松像撑天的巨伞,重重叠叠的枝桠,只漏下斑斑点点细碎的日影,骑马空行林中,只听见马蹄溅起漫流在岩石上的水声,增添了密林的幽静。

走进天山深处,山色逐渐变得柔嫩,山形也逐渐变得柔美。这里溪流缓慢,萦绕着每一个山脚。在轻轻荡漾着的溪流的两岸,满是高过马头的野花,五彩缤纷,像织不完的织锦那么绵延,像天边的彩霞那么耀眼,像高空的长虹那么绚烂。马走在花海中,显得格外矫健,人浮在花海上,也显得格外精神。在马上你用不着离鞍,只要一伸手就可以捧到你心爱的大鲜花。

虽然天山这时并不是春天,但是有哪一个春天的花园能比得过这时天山的无边繁花呢?

【领悟写法】

用移步换景的方法,以三个表示地点转换的句子作为过渡,分别描述了刚进天山、进入天山、深入天山三个阶段的景色。

移步换景即在参观游览一处景物时，人走景移，随着观察点的变换，不断展现新画面。条理清晰，层次分明，就好像作者带着读者游览，使读者有身临其境之感。运用这种方法写作时要注意：

要把观察点的变换交代清楚。

仔细观察在移步中或停下脚步后所见的景物及其呈现的各种姿态，具体描绘出景物的特点。

在观察过程中，抓住每一处最有特点的景物进行描绘，避免重复观察同一种景物，不能记流水账。

【读写结合】

刚进校园，映入眼帘的是……

向前走几步就到了绿化带……

绿化带旁有三层楼梯，楼梯左右两边各有一个鱼池……

看完鱼池，再往左走，就到了后花园。一进后花园……

【迁移运用】

用移步换景的方法，写一处景物或按上面的提纲写一写校园的景色。

第 3 课　中彩那天

发挥想象能力,续写课文留白

【课文链接】

母亲让我仔细辨别两张彩票有什么不同。我看了又看,终于看到中彩的那张右上角有铅笔写的淡淡的 K 字。母亲告诉我:"K 字代表库伯,你父亲的同事。"原来,父亲买彩票时,帮库伯先生捎了一张,并做了记号。过后,俩人都把这件事忘了。可以看出,那 K 字用橡皮擦过,留有淡淡的痕迹。"可是,库伯是有钱人,我们家穷呀!"我激动地说。话音刚落,我听到父亲进门的脚步声,接着听到他在拨电话号码,是打给库伯的。

第二天,库伯先生派人来,把奔驰汽车开走了。那天吃晚饭时,我们全家围坐在一起,父亲显得特别高兴,给我们讲了许多有趣的事情。

成年以后,回忆往事,我对母亲的教诲有了深刻的体会。是呀,中彩那天父亲打电话的时候,是我家最富有的时刻。

【领悟写法】

抓住人物的语言、动作、神情、心理活动等方面进行细致刻画。

同学们试着对这次小练笔的内容进行练习说话,以训练口语表达能力,为写作打好基础。在同学们说的同时,强调要关注对人物的语言、动作、神情等方面的细致描述。在此基础上,同学们再进行课后写作。

【读写结合】

第二天,库伯先生派人把车开走了,但我看见父亲笑得那么开心。我有些不解,于是上前问道:"您让库伯先生把车开走,为什么还笑得这么开心?拥有一辆汽车不是您梦寐以求的吗?"父亲转过身来,拍了拍我的肩膀说:"儿子,你要知道,在我心里,财富是永远取代不了诚信的。"父亲说完,我似乎明白了什么。这时,母亲走过来,亲切地对我说:"你父亲放弃了汽车,选择了诚信。"长大后,我渐渐明白了,有了诚信就有了快乐,我希望诚信能在每一个人身边,让每一个人都充满快乐!

【迁移运用】

想象库伯先生派人把汽车开走以后,"我们"全家人当时的表现,抓住人物的语言、动作、神情、心理活动等方面进行细致刻画,把想到的写下来。

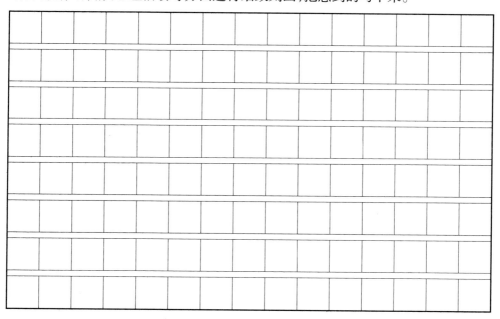

第4课　万年牢

细致刻画形象,表现人物品质

【课文链接】

"我的糖葫芦糖蘸得均匀,越薄越见功夫,吃一口让人叫好,蘸出的糖葫芦不怕冷不怕热不怕潮,这叫万年牢。"

公平买卖走正道,顾客点头说声好,回头再来这是宝,做生意讲实在是万年牢。

父亲教导我做万年牢,就是要做个可靠的人,实实在在的人。

【领悟写法】

课文从语言、动作、神情、心理活动等方面对父亲做事认真、实在的品质进行了细致刻画。

在描写人物的时候,为了使人物形象更加鲜明,文章内容更加具体,常常要对人物的外貌(神态)、语言、动作等进行细致的刻画和描写,从而表现人物的品质。

【读写结合】

我匆匆忙忙地吃完了早饭,正兴高采烈要出门时,爸爸的手机响了,单位让他去乡下扶贫。爸爸很抱歉地对我说:"姑娘,我不能陪你去玩了。"说完爸爸就走出了家门,这太让我失望了。透过玻璃窗,看见爸爸远去的身影,泪水模糊了我的双眼。爸爸,您什么时候才能陪我一起玩啊?难道我这个要求过分吗?我呆呆地想着想着,终于懂了:爸爸做工作是为了老百姓能过上更好的生活,舍小家为大家,做女儿的我应该理解他。

【迁移运用】

抓住人物品质,写写母亲或父亲的形象。

第5课　自然之道

环境描写衬托，突显事情结局

【课文链接】

黄昏的海岛，阳光仍很明媚。从归巢到海边的一大段沙滩，无遮无拦，成百上千的幼龟结队而出，很快引来许多食肉鸟，它们可以饱餐一顿了。"天哪！"我听同伴们说，"看我们做了些什么！"这时，数十只幼鸟已成为嘲鸫、海鸥的口中之食。

【领悟写法】

本文第一句的环境描写，显得海滩上的一切都那么恬静诱人。然而，后面发生的事情却与优美的环境形成巨大反差，这让读者的内心产生了震撼与惋惜之情，形成了阅读感受的强烈反差。这就是简短环境描写的效果。而且后面所发生的事情，通过先听到声音，再描述看到的景象，更体现了事情的惨烈。

【读写结合】

抬头望着天，太阳是那样的刺眼。"快，快让开！"一个小伙子慌里慌张地边跑边喊，手里好像还拿着个包。刚跑过去十来米，后面一位大妈气喘吁吁地晃动着大肚子小跑过来，边跑边声嘶力竭地喊："抓住前面那个人，我……我钱包……被抢了……"

【迁移运用】

运用环境描写的方法，将下文加入简短环境描写，并在看到的场景之中加一些听到的声音，以增强表达效果。

我和小杰正踢得起劲，随着砰的一声响，足球不偏不倚地击中邻居家窗户的玻璃，顿时，玻璃碎落……

（此处为空白方格稿纸）

第6课 蝙蝠和雷达

详略得当表述，主次分明清晰

【课文链接】

为了弄清楚这个问题，一百多年前，科学家做了一次试验。在一间屋子里横七竖八地拉了许多绳子，绳子上系着许多铃铛。他们把蝙蝠的眼睛蒙上，让它在屋子里飞。蝙蝠飞了几个钟头，铃铛一个也没响，那么多的绳子，它一根也没碰着。

科学家又做了两次试验：一次把蝙蝠的耳朵塞上，一次把蝙蝠的嘴封住，让它在屋子里飞。蝙蝠就像没头苍蝇似的到处乱撞，挂在绳子上的铃铛响个不停。

三次不同的试验证明，蝙蝠夜里飞行，靠的不是眼睛，它是用嘴和耳朵配合起来探路的。

科学家经过反复研究，终于揭开了蝙蝠能在夜里飞行的秘密。它一边飞，一边从嘴里发出一种声音。这种声音叫作超声波，人的耳朵是听不见的，蝙蝠的耳朵却能听见。超声波像波浪一样向前推进，遇到障碍物就反射回来，传到蝙蝠的耳朵里,蝙蝠就立刻改变飞行的方向。

【领悟写法】

本文在写科学家做的三次试验时,将第一次写得很具体,而第二、第三次结合起来略写,做到了详略得当。细细感知这两段文字,详细在于第一次试验需要的材料及准备环境,而第二、第三次则是将改变的条件和结果表述清楚就可以了。这对于写试验性和实验类的文章很有典型指导作用。

【读写结合】

我立刻找来四条长短相同的细绳,分别绑在布的四个角上。绑好了,我尝试着拉了拉四条细绳,确定没有问题之后,才找来一个小玩具,将四条绳子都拴在玩具上。一切就绪,我兴奋地爬上一个较高的柜子,站起来,抓着我的降落伞和伞兵,大手一挥,原来以为这个降落伞一定能稳稳当当地落下,可天有不测风云,伞兵居然直线下垂,最后还是没能安全着陆,英勇牺牲了。我愣了:怎么可能?难道实验品有误? 我不假思索地跳下柜子,抓起伞兵,左看看,右看看,啥问题也没有啊! 思考良久,我终于得出结论:玩具偏重。

于是,我立刻换了个轻一些的玩具,又将绳子捆在玩具上,又实验了一次,可结果,伞兵还是那样悲惨。

【迁移运用】

用详略得当的方法,写写《鸡蛋撞地球》的试验过程。要求做到详略得当,详细写其中一次,其他略写。略写时,主要是写清改变的条件和结果。

小学原生态作文教学系列丛书——悦读喜作

第7课　小·英雄雨来

反面人物描写，凸显主要特点

【课文链接】

扁鼻子军官用手摸着雨来的脑袋，说："这本书谁给你的，没有关系，我不问了。别的话要统统告诉我！刚才有个人跑进来，看见没有？"

扁鼻子军官把书扔在地上，伸手往皮包里掏。

扁鼻子军官把糖往雨来手里一塞，说："吃！你吃！你得说出来，他在什么地方？"他又伸出那个戴金戒指的手指，说："这个，金的，也给你！"

扁鼻子军官摇摇头。

扁鼻子军官压住肚子里的火气，用手轻轻地拍着雨来的肩膀，说："我最喜欢小孩。那个人，你看见没有？说呀！"

扁鼻子军官的目光立刻变得凶恶可怕，他向前弓着身子，伸出两只大手。啊！那双手就像鹰的爪子，扭着雨来的两只耳朵，向两边拉。雨来疼得直咧嘴。鬼子又抽出一只手来，在雨来的脸上打了两巴掌，又把他脸上的肉揪起一块，咬着牙拧。雨来的脸立时变成白一块，青一块，紫一块。鬼子又向他胸脯上打了一拳。雨来打个趔趄，后退几步，后脑勺正碰在柜板上，但立刻又被抓过来，肚子撞在炕沿上。

扁鼻子军官气得暴跳起来，嗷嗷地叫："枪毙，枪毙！拉出去，拉出去！"

【领悟写法】

　　本文这个章节对扁鼻子军官详细描写,特别是有层次感的描写,让扁鼻子军官由平静到气急败坏地暴跳。对反面人物动作、语言、神态的细致刻画,特别是打雨来的那些细节,凸显了雨来小英雄的形象——不管鬼子用什么招儿,雨来依然坚强。

【读写结合】

　　一个油头粉面的小伙子,戴着太阳镜,手腕上金闪闪的手表似乎凸显出了他的高贵,正一步一晃地走过来。刚走到垃圾桶附近,似乎忘了自己高贵的身份,立刻用戴着金表的手捂着鼻子,弯下腰,小步快跑。经过垃圾桶边时,还狠狠地骂了一句:"真他妈的臭。"过了垃圾桶后,又慢慢放下自己的手,脚步又变得晃悠起来。

【迁移运用】

　　运用反面描写的方法,将下文进行想象,把小胡子叔叔作为反面人物进行有层次的描写,把小胡子叔叔友好地哄骗,到怒吼地抢夺,甚至要动手打……从而体现"我"的正直无私。

　　正当我捡到地上的一只鼓鼓囊囊的钱包时,旁边过来了一位穿着花哨的小胡子叔叔。……最终,我用我的机智战胜了想占便宜的小胡子叔叔,将钱包完好地交给了交警叔叔。

第9课 和我们一样享受春天

寻找语言共性,模仿创新写诗

【课文链接】

蔚蓝色的大海,

本来是海鸥的乐园,

可是巡弋的战舰和水雷

成了不速之客

这究竟是为什么?

金黄色的沙漠,

本来是蜥蜴和甲虫的天下,

可是轰隆隆的坦克和大炮

打破了它们的梦幻

这究竟是为什么?

蓝得发黑的夜空,

本来属于星星和月亮,

可是如今频频发射的导弹

把星星的家园搅得很不安宁

这究竟是为什么?

【领悟写法】

本首诗前四小节都有共性,即第一行都是写 "什么颜色的哪里",第二行都是写"本来属于谁",第三行都是写"可是什么武器",第四行都是写"(武器后果)怎么样",第五行都是"这究竟是为什么"。这样反复地出现和追问,正是对战争的控诉,增强了表达的效果。

【读写结合】

绿色的公园，

本来是花儿和蝴蝶的天堂，

可是轰隆隆的坦克和战车

搅乱了它们的童话

这究竟是为什么？

【迁移运用】

在和平环境里,我们是幸福的;在战争年代里,人们却是痛苦的。请你结合诗句的语言规律和格式,用上以下素材,仿写一节诗。

手榴弹和地雷　　冲锋枪和机枪　　潜艇和战舰

第9课 永生的眼睛

语言生动描写，彰显内心世界

【课文链接】

"琳达，"爸爸坐到我身边，平静地说，"一个人做能给予他人的最珍贵的东西，莫过于自己身体的一部分。很久以前，你妈妈和我就认为，如果我们死后的身体能有助于他人恢复健康，我们的死就是有意义的。"

【领悟写法】

作者通过对父亲语言生动细致的描写，展现了父亲美好的心灵，赞扬了父亲关爱他人、无私奉献的崇高精神。我们要学习作者这种通过对人物语言生动细致的描写来展现人物内心世界的写法。

【读写结合】

每当这时，老校长总是说："没关系，我再吃一点，我要吃，必须吃！"家人看着他强忍疼痛艰难进食的样子，心疼不已。每当这时，老校长总会自己拿过碗说："你们都出去，别看着我！你们看着难受，我自己来！"老校长硬推开家人，把自己一个人关在屋子里。谁也不知道，他在屋子里忍受着怎样的煎熬！老校长对看望他的朋友说："我是皱着眉头硬咽呀！我吃了吐，吐了再吃，我总会吃进一点的！只有这样，我才会早点好起来。"

【迁移运用】

有一个和我们同龄的孩子，他的生活陷入了困境：爸爸妈妈半年前离异了，他还没从家庭变故的阴影中走出来，又遭受一次巨大的打击。他在一次交通事故中受了伤，失去了左腿。这让他几乎绝望了，这段日子他一声不吭，近两天他竟然不吃不喝。你能与他进行深入的沟通，化解他内心的痛苦吗？注意语言的描写。

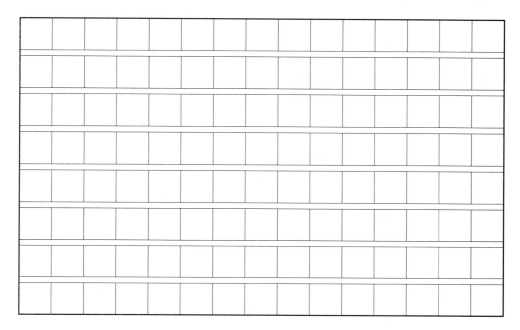

第10课　生命　生命

生动形象描写,理性思考结合

【课文链接】

　　墙角的砖缝中掉进一粒香瓜子,过了几天,竟然冒出一截小瓜苗。那小小的种子里,包含着一种多么强的生命力啊! 竟使它可以冲破坚硬的外壳,在没有阳光、没有泥土的砖缝中,不屈向上,茁壮生长,即使它仅仅只活了几天。

【领悟写法】

　　作者先形象地描写砖缝中长出的瓜苗,从瓜苗生长中感受到它不屈向上的精神和对生命的热爱。通过对小事的理性思考,表达了自己积极进取的人生态度。

【读写结合】

　　春日里树木生机勃勃,我走在小区的小径上,欣赏着春天的色彩。不经意间,我发现脚旁有一群黑蚂蚁，它们背上扛着一块米粒般大小的面食向前走。我一骨碌从地上推来了一块又宽又大的石砖，伸手放在那像长龙似的黑蚂蚁的末尾，有一只蚂蚁被我拦住了。它左看看，右看看，接着小心翼翼地向石砖走去。当它刚爬到一半时，我轻轻一抖，它重重地摔在了地上。它又向石砖走去，匍匐前进。可还没等它爬到一半，我手一动，它又滑了下去。正当我想着：它应该不会再爬上来了吧？却见它并没有退缩，而是再一次爬了起来，努力地向前走。它这勇敢面对困难的勇气震撼了我，让我不由自主地踢开石砖为它放行。

【迁移运用】

作者从具体事例中引出了对生命的思考和感悟，请你选取生活中的小事例，也学着写写。

第11课 乡下人家

空间顺序描述，景物分类描写

【课文链接】

　　乡下人家，虽然住着小小的房屋，但总爱在屋前搭一瓜架，或种南瓜，或种丝瓜，让那些瓜藤攀上棚架，爬上屋檐。当花儿落了的时候，藤上便结出了青的、红的瓜，它们一个个挂在房前，衬着那长长的藤、绿绿的叶。青、红的瓜，碧绿的藤和叶，构成了一道别有风趣的装饰，比那高楼门前蹲着一对石狮子或是竖着两根大旗杆，可爱多了。

　　有些人家，还在门前的场地上种几株花，芍药、凤仙、鸡冠花、大丽菊，它们依着时令，顺序开放，朴素中带着几分华丽，显出一派独特的农家风光。还有些人家，在屋后种几十枝竹，绿的叶、青的竿，投下一片绿绿的浓阴。几场春雨过后，到那里走走，常常会看见许多鲜嫩的笋，成群地从土里探出头来。

【领悟写法】

　　文章按空间顺序，抓住屋前的瓜架、门前依着时令开放的鲜花、屋后的竹，展现了乡下人家朴实、自然、和谐及充满诗意的乡村生活。习作中，我们也要学会按一定的顺序进行描述，可以按时间顺序写，也可以按空间顺序写，还可以将景物分类描写。

【读写结合】

　　眨眼间，寒冷而热闹的冬天已在不知不觉中慢慢逝去，春天也悄然地来到人间，万物充满了无限生机，一片生机勃勃、春意盎然的景象。

　　春风带着一丝丝余留的寒意，来到了我们的校园，他吹在身上的感觉是润润的、柔柔的，是他把冷清的校园变为了一幅有着春天浓郁气息的风景画。

　　进入校园，首先映入眼帘的是高大的教学楼，其次是坐落在教学楼前方的椭圆形花坛,花坛里的花竞相开放,有雍容华贵的月季花,有娇艳欲滴的玫瑰花,还有花中之王牡丹花,这些还都微不足道,最引人注目的是花坛顶端的栀子花,当我第一眼看到她时,她的美丽就折服了我。颜色是我最喜欢的白色,我觉得盛开的栀子花能与牡丹媲美。除此之外,还有一些被安排得错落有致的鲜花,他们把整个校园点缀得五彩缤纷。

再往里走是操场。清晨,迎着朝阳,同学们在塑胶跑道上跑步,跑完三圈,大家都感到神清气爽,心旷神怡;体育课上男孩们拿出足球,你争我抢,玩得大汗淋漓;大课间,女孩们跳跳绳,男孩们争先恐后地冲向操场去打乒乓球。打乒乓球的男孩们一个个跃跃欲试,"交战"时各不相让,使出浑身解数随时想置对方于死地,一个个玩得不亦乐乎。

春天的校园多么美好啊,我爱春天的校园。

【迁移运用】

请你也用空间顺序写一写我们家乡的市民广场吧!

第 12 课　牧场之国

巧用拟人手法,表达真情实感

【课文链接】

　　在天堂般的绿色草原上,白色的绵羊,悠然自得。黑色的猪群,不停地呼噜着,像是对什么表示赞许。成千上万的小鸡,成群结队的长毛山羊,在见不到一个人影的绿草地上,安闲地欣赏着这属于它们自己的王国。这就是真正的荷兰。

【领悟写法】

　　拟人就是把事物人格化,把本来不具备人的一些动作和感情的事情变成和人一样的,就像童话里的动物、植物,能说话,能大笑,使抽象的事物具体化,使无生命的东西活跃起来,使语言更形象、更生动,富有感染力,便于抒发情感。课文大量运用拟人的修辞手法,把牧场里的动物当作人来写。绵羊、猪、小鸡、山羊是多么悠然自得,惬意舒畅,广阔无垠的草原是它们的自由王国。

【读写结合】

　　一阵凉爽的微风吹过,地上的花草摇曳着,跳起了优美的舞蹈,好像在欢迎我们的到来。沙沙沙,沙沙沙,树叶唱起了悦耳的歌儿,好似在鼓掌。小鸟也不甘示弱,亮开了嗓门,唱起了婉转动听的歌儿。

【迁移运用】

　　请运用拟人的修辞手法,写一处地方的美丽景色。

<table>
<tr><td></td><td></td><td></td><td></td><td></td><td></td><td></td><td></td><td></td><td></td><td></td><td></td></tr>
<tr><td></td><td></td><td></td><td></td><td></td><td></td><td></td><td></td><td></td><td></td><td></td><td></td></tr>
<tr><td></td><td></td><td></td><td></td><td></td><td></td><td></td><td></td><td></td><td></td><td></td><td></td></tr>
<tr><td></td><td></td><td></td><td></td><td></td><td></td><td></td><td></td><td></td><td></td><td></td><td></td></tr>
<tr><td></td><td></td><td></td><td></td><td></td><td></td><td></td><td></td><td></td><td></td><td></td><td></td></tr>
</table>

第13课　两个铁球同时着地

点面结合方法，场面全景描写

【课文链接】

到了那一天，很多人来到斜塔周围，都要看看在这个问题上谁是胜利者，是古代的哲学家亚里士多德呢，还是这位年轻的数学教授伽利略？有的说："这个青年真是胆大妄为，竟想找亚里士多德的错处！"有的说："等会儿他就固执不了啦，事实是无情的，会让他丢尽了脸！"

伽利略在斜塔顶上出现了。他右手拿着一个10磅重的铁球，左手拿着一个1磅重的铁球。两个铁球同时脱手，从空中落下来。一会儿，斜塔周围的人都忍不住惊讶地呼喊起来，因为大家看见两个铁球同时着地了，正跟伽利略说的一个样。这时大家才明白，原来像亚里士多德这样的大哲学家，说的话也不是全都对的。

【领悟写法】

文章中的这一选段，是一个场面描写。场面描写就是对特定时间与地点内许多人物活动的总体情况的描写。场面可以用点面结合的方法来描写，像拍照片一样，有全景，有特点。如第一段就抓住"很多人"这个面进行全景描写，第二段抓住"伽利略"这个点进行特写，再对"周围的人"进行全景描写。

【读写结合】

选手们听到比赛开始了,都充满力量,准备应战。第一场是由五(1)班对五(2)班,看来他们两个班都十分有信心会取得最后的胜利噢！开始了,只见杨老师说:"各就各位,预备——起。"双方展开了激烈的战斗。瞧,只见他们个个像决斗的大红公鸡一样。经过激烈的斗争,最后五(2)班取得了胜利。

【迁移运用】

请你学这样的写法,写写考场的紧张气氛或大课间操场的欢乐气氛。

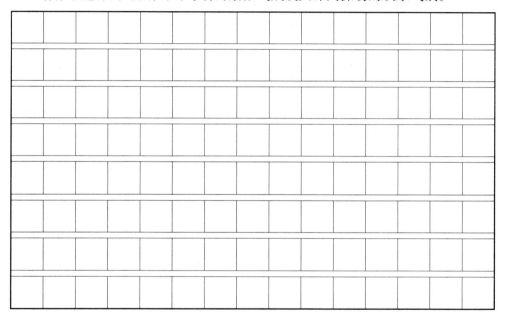

第14课　鱼游到了纸上

侧面烘托描写,丰满人物形象

【课文链接】

我挤过去一看,原来是那位青年在静静地画画。他有时工笔细描,把金鱼的每个部位一丝不苟地画下来,像姑娘绣花那样细致;有时又挥笔速写,很快地画出金鱼的动态,仿佛金鱼在纸上游动(正面描写)。

围观的人越来越多,大家赞叹着,议论着,唯一没有任何反应的是他自己。他好像和游鱼已经融为一体了(侧面描写)。

"哟,金鱼游到了他的纸上来啦!"一个女孩惊奇地叫起来(侧面描写)。

【领悟写法】

作者采用正面、侧面描写相结合的方法,表现了聋哑青年的高超画技,赞扬了他做事勤奋、专注的品质。

【读写结合】

我的弟弟今年六岁了,他有一双大大的眼睛,高高的鼻梁,笑起来还有一对小酒窝,非常可爱。弟弟平时喜欢穿一身蓝色的衣服,他说蓝色是天空的颜色,感觉自己就像在空中一样,所以他的很多衣服都是蓝色的(正面描写)。

有一次妈妈带我们去买衣服,妈妈看中了一件白色的衣服,很想给弟弟买下来。可是弟弟非要一件蓝色的,妈妈不同意,结果弟弟就又哭又闹,最后妈妈不得已给他买了一件蓝色的(侧面描写)。

弟弟还是个很淘气的孩子(正面描写),他总是偷偷地把妈妈刚买的东西藏起来,让妈妈找很久才找到。还有一次我们刚回家就找不到弟弟了,害得爸爸妈妈很着急,找了大半天才找到他,原来他玩捉迷藏藏到橱子里了,竟然在里面睡着了(侧面描写)。

【迁移运用】

请你采用正面、侧面描写相结合的方法,夸夸班上某位同学的某个优秀品质。

<table>
<tr><td></td><td></td><td></td><td></td><td></td><td></td><td></td><td></td><td></td><td></td><td></td><td></td><td></td></tr>
</table>

第15课 寓言两则

巧用修辞手法,突出人物品质

【课文链接】

纪昌对自己的成绩感到很满意,以为学得差不多了,就再次去拜见飞卫。飞卫对他说:"虽然你已经取得了不小的成绩,但你的眼力还不够。等到练得能够把极小的东西,看成一件很大东西的时候,你再来见我吧!"纪昌记住了飞卫的话。回到家里,又开始练习起来。他用一根长头发,绑住一只虱子,把它吊在窗口。然后每天站在虱子旁边,聚精会神地盯着它。那只小虱子,在纪昌的眼里一天天大起来,练到后来,大得竟然像车轮一样。

【领悟写法】

画横线的句子运用了夸张的修辞手法,突出了纪昌眼力的巨大进步,从中可以体会出纪昌持之以恒、认真学习的精神。

【读写结合】

桂花开了,可真香,香飘十里。

华山可真险,陡峭的岩石似乎都摇摇欲坠。

新建的时代广场大得很,一望无边。

京沪高速公路真长啊,仿佛与天相连!

喷气式战斗机飞得真快啊,仿佛驾风而驰!

广场上的人真多啊,人山人海!

我们的教室非常安静,就连掉一根针都能听得到。

【迁移运用】

请你运用夸张的手法,把"杨梅真酸呀""这声音真响啊"用几句话写具体。

第16课　渔夫的故事

活学活用修辞,彰显人物特点

【课文链接】

隔了一会儿,瓶里冒出一股青烟,飘飘荡荡地升到空中,继而弥漫在大地上,逐渐凝成一团,最后变成个巨大的魔鬼,披头散发,高高地耸立在渔夫面前。魔鬼头像堡垒,手像铁叉,腿像桅杆,口像山洞,牙齿像白石块,鼻孔像喇叭,眼睛像灯笼,样子非常凶恶。

【领悟写法】

这段是对魔鬼的外貌描写,非常精彩,运用了排比、比喻的修辞手法,形象具体地写出了魔鬼的巨大和凶恶。

【读写结合】

她的大眼睛如钻石般闪烁着,散发出迷人的光芒,小巧的鼻子点缀在脸的中间,一张如樱桃般红润的小嘴微张着,犹如一只薄翼的蝴蝶在上面停驻,里面露出了好像珍珠般洁白闪亮又很整齐的牙齿。不长不短的秀发巧妙地衬托了她这张鹅蛋脸,所有人的目光一下子聚集在了她身上。

【迁移运用】

请你运用排比、比喻、夸张等修辞手法,写写你身边的人的外貌,注意突出这个人的特点。

五年级（上）

第1课 窃读记

仿照课题发散,关注动作心理

【课文链接】

转过街角,看见饭店的招牌,闻见炒菜的香味,听见锅勺敲打的声音,我放慢了脚步。放学后急匆匆地赶到这里,目的地可不是饭店,而是紧邻它的一家书店。

我边走边想:"昨天读到什么地方了? 那本书放在哪里? 左边第三排,不错……"走到门口,便看见书店里仍像往日一样挤满了顾客。我可以安心了。但我又担忧那本书会不会卖光,因为一连几天都看见有人买,昨天好像只剩下一两本了。

我跨进店门,暗喜没人注意。我踮着脚尖,从大人的腋下钻过去。哟,把短头发弄乱了,没关系,我总算挤到里边来了。在一排排花花绿绿的书里,我的眼睛急切地寻找,却找不到那本书。从头来,再找一遍。啊! 它在这里,原来不在昨天的地方了。

急忙打开书,一页,两页,我像一匹饿狼,贪婪地读着。我很快乐,也很惧怕——这种窃读的滋味!

我喜欢到顾客多的书店,因为那样不会被人注意。进来看书的人虽然很多,但是像我这样常常光顾而从不购买的,恐怕没有。因此我要把自己隐藏起来。有时我会贴在一个大人的身边,仿佛我是他的小妹妹或小女儿。

最令人开心的是下雨天,越是倾盆大雨我越高兴,因为那时我便有充足的理由在书店待下去。就像在屋檐下躲雨,你总不好意思赶我走吧?我有时还要装着皱起眉头,不时望着街心,好像说:"这雨,害得我回不去了。"其实,我的心里却高兴地喊着:"大些! 再大些! "

【领悟写法】

林海音的《窃读记》围绕"窃读"二字细腻地描绘了读书过程中那种既快乐又惧怕的心情,且于作者字里行间动作的描写、自白式的心理描写中凸显。而"记"作为一种叙事的文体形式又是相当值得同学们去模仿学习的。为了知识的拓展和内化,可以抓住课文的体裁,扣住一个"窃"字,进行仿写。

【读写结合】

星期天上午,我在家里学语文,我很想去看电视,可是老妈在家,她一定不会让我看的,怎么办呢? 我想到了一个很好的办法。我先去厨房视察了一番,然后对妈妈说:"妈,中午我想吃土豆,家里还有没有? "老妈想了一下对我说:"好像没有了,我下去买吧!"老妈一走,我就跑到电视机前,打开电视,像一匹饿狼一样,贪婪地看着。过了大约二十分钟,我心想:"万一老妈回来了呢? "于是,我一边看电视,一边竖起耳朵听门外的声音。突然,门口响起了一阵脚步声,我马上关了电视,拿起语文书,装模作样地看了起来。过了一会儿,我见没有声音了,才又慢慢打开电视看,真是虚惊一场。

——《窃看记》

最令我开心的是晴天,越是有工人来我家装修我越高兴,因为那时我便有充足的理由去下面玩,装修的声音很大,家里又乱糟糟的,你不会不赶我下去吧? 我到下面玩了很久,还要装着皱着眉头,不时看看手表,好像在说:"这些工人装修那么久,害我回不去了。"其实,我的心里却高兴地喊着:"久些! 再久些! "

——《窃玩记》

【迁移运用】

学完了《窃读记》,你可以想象到作者窃读时生动的场景,生活中的你是否也偷偷地干过什么事呢? 窃听过吗? 窃吃过吗? 窃视过吗? 窃笑过吗? 窃玩过吗? 请你以《窃××记》为题描写一个片段,要求写出当时的动作、心理活动。

小学原生态作文教学系列丛书——悦读喜作

<table>
<tr><td></td><td></td><td></td><td></td><td></td><td></td><td></td><td></td><td></td><td></td><td></td></tr>
<tr><td></td><td></td><td></td><td></td><td></td><td></td><td></td><td></td><td></td><td></td><td></td></tr>
<tr><td></td><td></td><td></td><td></td><td></td><td></td><td></td><td></td><td></td><td></td><td></td></tr>
<tr><td></td><td></td><td></td><td></td><td></td><td></td><td></td><td></td><td></td><td></td><td></td></tr>
<tr><td></td><td></td><td></td><td></td><td></td><td></td><td></td><td></td><td></td><td></td><td></td></tr>
<tr><td></td><td></td><td></td><td></td><td></td><td></td><td></td><td></td><td></td><td></td><td></td></tr>
</table>

第2课　小·苗与大树的对话

关注人物对话，学习写访谈录

【课文链接】

季羡林:"嗯,你再说说,从技术上讲,怎么才能写得通顺呢?"

苗苗:"得多看点儿课外书。"

季羡林:"是这样。文学家鲁迅曾经讲过,要把文章写好,最可靠的还是要多看书。我小时候,跟我一个妹妹一块儿看,家里的桌子底下有个盛白面的大缸,叔父一来,我们就赶紧把闲书藏到缸里头,桌上摆的,都是正课(笑)。"

苗苗:"爷爷,我喜欢语文,数学不行,偏科。"

季羡林:"喜欢语文当然好,但语文要好,数学也要好。21世纪的青年,要能文能理。所以,不管你喜不喜欢,一定要学好数学。最近清华大学办了一个班,选的是高才生,提出要培养中西贯通、古今贯通的人才。我看,有这两个贯通还不行,还应该加一个文理贯通。三贯通,这才是21世纪的青年。"

苗苗:"中西贯通、古今贯通、文理贯通,我记住了。爷爷,有人让我妈妈赶快给我找一个好外语老师,说过了十二岁再学外语就永远也说不准了。爷爷,您会那么多种外语,您说,他们说得对吗?"

季羡林："倒不一定是十二岁，当然早学比晚学好。学外语的发音跟母语有很大的关系，有些地方的人口音太重，学起来就困难。古文也很重要。我觉得，一个小孩起码要背两百首诗，五十篇古文，这是最起码的要求。最近出了一本书，鼓励小孩背诗。我提个建议，应该再出一本散文集，从《古文观止》里选，加点儿注。小时候背的，忘不了。"

【领悟写法】

本文是访谈录，是同学们第一次接触的文体。从对话中感受到季老谈笑风生中平易近人、循循善诱、关心关爱下一代成长的人格魅力。学习在访谈中如何礼貌地请教、表达自己的观点、倾听对方的表述等。

【读写结合】

时间：2017 年 10 月 20 日。

地点：家里。

刘晓："您最近读了什么书？这本书的主要内容是什么？"

爸爸："最近我在看《多读书》这本书。它的主要内容是提倡人们多读书、善读书、读好书。"

刘晓："您小时候是怎样读书的，是不是很艰苦？"

爸爸："那时，经济还不发达，晚上经常断电，我只能用煤油灯照亮读书，没有现在这么好的条件，有电灯可以读书，所以你要懂得珍惜，好好读书。"

刘晓："您认为读书对您有怎样的好处？书是不是您的好伴侣？"

爸爸："书是我终身的伴侣。一天如果没有读书，就好像吃不饱饭，睡不足觉，我就会感到没有精神，会很空虚。"

刘晓："您对《多读书》这本书有什么感受或启发？"

爸爸："读书一定要心到、眼到、口到，还要勤做笔记。只要是爱读书的人都是这样做的，不信，你试试！"

【迁移运用】

苗苗经过这次谈话，以后面对父母反对看闲书、请外语老师等问题时，苗苗会怎么说、怎么做？想象一下他们之间的对话，然后写下来，不要忘记用上季羡林爷爷说的三贯通哦。

<table>
<tr><td></td><td></td><td></td><td></td><td></td><td></td><td></td><td></td><td></td><td></td></tr>
<tr><td></td><td></td><td></td><td></td><td></td><td></td><td></td><td></td><td></td><td></td></tr>
<tr><td></td><td></td><td></td><td></td><td></td><td></td><td></td><td></td><td></td><td></td></tr>
<tr><td></td><td></td><td></td><td></td><td></td><td></td><td></td><td></td><td></td><td></td></tr>
<tr><td></td><td></td><td></td><td></td><td></td><td></td><td></td><td></td><td></td><td></td></tr>
<tr><td></td><td></td><td></td><td></td><td></td><td></td><td></td><td></td><td></td><td></td></tr>
<tr><td></td><td></td><td></td><td></td><td></td><td></td><td></td><td></td><td></td><td></td></tr>
<tr><td></td><td></td><td></td><td></td><td></td><td></td><td></td><td></td><td></td><td></td></tr>
</table>

第 3 课　走遍天下书为侣

抓住新颖开头，学写钟爱之物

【课文链接】

如果你独自驾舟环绕世界旅行，如果你只能带一样东西供自己娱乐，你会选择哪一样？一幅美丽的图画、一本有趣的书、一盒扑克牌、一个百音盒，还是一只口琴……

似乎很难做出选择。

如果你问我，我会毫不犹豫地回答："我会选择一本书。"

一本书！我听到有人感叹了："如果你坐船周游世界，这一趟下来，你可以把它读上一百遍，最终你能背诵下来。"

对此，我的回答是："是的，我愿意读上一百遍，我愿意读到能背诵的程度。"这有什么关系呢?你不会因为以前见过你的朋友就不愿再见到他们了吧?你不会因为熟悉家中的一切就弃家而去吧?你喜爱的书就像一个朋友,就像你的家。你已经见过朋友一百次了,可第一百零一次再见面时,你还会说:"真想不到你懂这个!"你每天都回家,可不管过了多少年,你还会说:"我怎么没注意过,灯光照着那个角落,光线怎么那么美!"

你总能从一本书中发现新东西,不管你看过多少遍。

【领悟写法】

全文首先以独自驾舟环游世界,只能选择一样东西供娱乐的假设作为开头,引出了自己的观点——选择书为侣。

【读写结合】

如果你独自徒步周游世界,如果你只能带一种东西供自己娱乐,你会选择哪一样? 一本有趣的书、一台手提电脑、一盒扑克,还是一部相机……

假如你问我,我会毫不犹豫地回答:"我会选择一部相机!"

我这个回答似乎让许多人感到吃惊:"如果你徒步周游世界,那这一趟下来,你便可以拍出几百张或上千张相片。"

是的,我愿意拍摄这么多的相片,哪怕是同一处风景,这有什么关系呢? 相片能记录下你走过的足迹,能在夜晚孤独害怕的时候和你说悄悄话,能将记忆的珍珠串成一串串美丽的珠链,还能让你每一次翻看时都记忆犹新。一部你最喜爱的相机,就像一个朋友,就像你人生世界里的家。

你总能从一部相机里发现新的风景,了解新的知识,不管你拍过多少遍。

所以,我愿意带着相机去徒步周游世界。如果我带着相机去周游世界,我会用它记录下许多又有趣又奇特的事情,让足不出户的你也有身临其境的感觉,和我一样时而开怀大笑,时而赞不绝口,时而沉醉其中;如果我带着相机去周游世界,我会给那些从来没有照过相片的人拍照,定格下他们开心的笑脸,让他们的人生从此留下美好的回忆;如果我带着相机去周游世界,我还会一遍又一遍地拍摄同一处风景,每拍一张都会对风景有新的发现,每拍一张都是对风景独特的展示,每拍一张我还会说:"我怎么没注意,原来换一个角度景色依旧是那么美。"

一部你最喜爱的相机,就像一个朋友,也是一泓让你增长知识的清泉,从某种意义上说,它是你自己的东西,因为世界上不可能有两个人会用同一种方式、同一个角度去拍摄同一处风景。

——《走遍天下照相机为侣》

【迁移运用】

每个人心中都有自己情有独钟的心爱之物,假如你独自去旅行,你会带上什么东西呢?仿第一至第三自然段,写写你自己的想法,如果能像例文一样写完一篇就更好了!

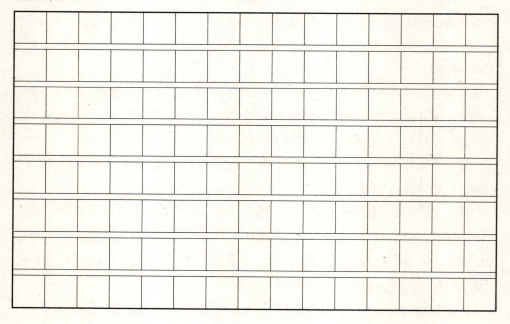

第4课　二十年后回故乡

运用联想想象,再创诗意境界

【课文链接】

洛阳城里见秋风,欲作家书意万重。

复恐匆匆说不尽,行人临发又开封。

【领悟写法】

从语言入手,再现画面;从画面感受意境;运用联想、想象,进行再创造,进入它的艺术境界,丰富诗的内容。

【读写结合】

用自己的语言描述这首小诗的画面:一年一度的秋风,又吹到了洛阳城中,身居洛阳城内的游子,不知家乡的亲人怎么样了;写封家书问候平安,要说的话太多了,又不知从何说起。信写好了,又担心匆匆中没有把自己想要说的话写完;当捎信人出发时,又拆开信封,再还给他。

【迁移运用】

借助课文插图,想象《秋思》描绘的情景,然后把《秋思》改写成一个小故事。

第 5 课　梅花魂

借助景物抒情，寄托事物言志

【课文链接】

我跑进外祖父的书房，老人正躺在藤沙发上。我说："外公，您也回祖国去吧！"想不到外祖父竟像小孩子一样，呜呜呜地哭了起来……

离别的前一天早上，外祖父早早地起了床，把我叫到书房里，郑重地递给我一卷白杭绸包着的东西。我打开一看，原来是那幅墨梅，就说："外公，这不是您最宝贵的画吗？"

"是啊，莺儿，你要好好保存！这梅花，是我们中国最有名的花。旁的花，大抵是春暖才开花，她却不一样，愈是寒冷，愈是风欺雪压，花开得愈精神、愈秀气。她是最有品格、最有灵魂、最有骨气的！几千年来，我们中华民族出了许多有气节的人物，他们不管历经多少磨难，不管受到怎样的欺凌，从来都是顶天立地，不肯低头折节。他们就像这梅花一样。一个中国人，无论在怎样的境遇里，总要有梅花的秉性才好！"

回国的那一天正是元旦，虽然热带是无所谓隆冬的，但腊月天气也毕竟凉飕飕的。外祖父把我们送到码头。赤道吹来的风撩乱了老人平日梳理得整整齐齐的银发，我觉得外祖父一下子衰老了许多。

船快开了，妈妈只好狠下心来，拉着我登上大客轮。想不到泪眼蒙眬的外祖父也随着上了船，递给我一块手绢———色雪白的细亚麻布上绣着血色的梅花。

多少年过去了，我每次看到外祖父珍藏的这幅梅花图和给我的手绢，就想到，这不只是花，而且是身在异国的华侨老人一颗眷恋祖国的心。

【领悟写法】

首先找出相关的语句细读，体会外祖父深深的思乡情怀。以第一人称进行写作，用词要准确，感情要细腻。

【读写结合】

　　这爬山虎,是植物中最会爬墙的植物,不管是一棵大树,是一座高大的楼房,是一根粗大的柱子,是一面巨大的墙,还是一段栏杆。只要缠住,爬山虎就会用它那丝状的脚一步一步地爬上去。爬山虎是最有耐力和毅力的植物,它就像生活中的我们,当人生遇到一次巨大的障碍时,只有爬上去才会胜利。

【迁移运用】

　　写一篇《××赞》,用上本文的写作方法。

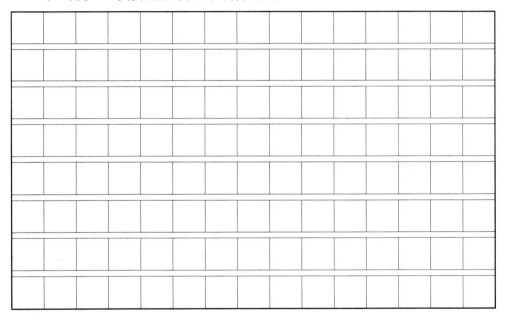

第6课　桂花雨

展开合理想象,情景描写具体

【课文链接】

　　小时候,我无论对什么花,都不懂得欣赏。父亲总是指指点点地告诉我,这是梅花,那是木兰花……但我除了记些名字外,并不喜欢。我喜欢的是桂花。桂花树的样子笨笨的,不像梅树那样有姿态。不开花时,只见到满树的叶子;开花时,仔细地在树丛里寻找,才能看到那些小花。可是桂花的香气,太迷人了。

　　故乡靠海,八月是台风季节。桂花一开,母亲就开始担心了:"可别来台风啊!"母亲每天都要在前后院子走一回,嘴里念着:"只要不来台风,我就可以收几大箩。送一箩给胡家老爷爷,送一箩给毛家老婆婆,他们两家糕饼做得多。"

　　桂花盛开的时候,不说香飘十里,至少前后十几家邻居,没有不浸在桂花香里的。桂花成熟时,就应当摇。摇下来的桂花,朵朵完整、新鲜。如果让它开过,落在泥土里,尤其是被风雨吹浇,比摇下来的香味就差多了。

　　摇花对我来说是件大事。所以,我总是缠着母亲问:"妈,怎么还不摇桂花呢?"母亲说:"还早呢,花开的时间太短,摇不下来的。"可是母亲一看天上布满阴云,就知道要来台风了,赶紧叫大家提前摇桂花。这下,我可乐了,帮大人抱着桂花树,使劲地摇。摇呀摇,桂花纷纷落下来,人们满头满身都是桂花。我喊着:"啊!真像下雨,好香的雨啊!"

　　桂花摇落以后,挑去小枝小叶,晒上几天太阳,收在铁盒子里,可以加在茶叶里泡茶,过年时还可以做糕饼。全年,整个村子都浸在桂花的香气里。

【领悟写法】

　　首先,要重温原文,熟悉原文的语言特点和作者迫不及待摇桂花的心情,并合理利用课文的插图,感受摇桂花的乐趣。其次,是对摇桂花乐的场面描写。场面描写就是对特定环境中人物活动的描写,而且主要是以人物活动为中心的动态描写。以人物活动为中心,写出了当时欢乐的气氛。

【读写结合】

　　每当清晨太阳微微泛红的时候,外婆就会从院子里拿出一把大扫帚,弯着腰,认真地清扫桂花树下的落叶。扫完后,外婆就会轻声地吆喝着:"孩子,快起来吧,今天桂花太美了,你闻,多么香啊!⋯⋯"我伸着懒腰跑出来,外婆对我微微一笑,抚摸着我的额头。我抱着桂花树拼命地摇,头发上、脖子里、肩膀上、衣服上、鞋子上⋯⋯全部都是桂花。哇!好香⋯⋯

【迁移运用】

请展开合理的想象,把摇桂花的情景写具体(重点写好桂花飘落的情景,母亲和孩子们的神情、动作等)。

第7课　小·桥流水

抓住景物特色,突出表达重点

【课文链接】

一条清澈见底的小溪,终年潺潺地环绕引导村庄。溪的两边,种着几棵垂柳,那长长的柔软的柳枝,随风飘动着。婀娜的舞姿,是那么美,那么自然。有两三枝特别长的,垂在水面上,画着粼粼的波纹。当水鸟站在它的腰上歌唱时,流水也唱和着,发出悦耳的声音。

天旱的时候,这条小溪就会干涸。村民平时靠它来灌溉田园,清洗衣物,点缀风景。有时,它只有细细的流泉,从石头缝里穿过。我和一群六七岁的小朋友,最喜欢扒开石头,寻找小鱼、小虾、小螃蟹,我们并不是捉来吃,而是养在玻璃瓶里玩儿。

一条小小的木桥,横跨在溪上。我喜欢过桥,更高兴把采来的野花丢在桥下,让流水把它们送到远方。

我的家离小桥很近,走路五六分钟就到了。沿着溪岸向东行,还有一座长石桥,那是通到茶山去的。我曾经随着采茶女上山摘过茶叶,我喜欢欣赏茶树下面紫色的野花和黄色的野菌。至今一看到茶树,脑海里立刻会浮现出当时的情景来。

【领悟写法】

认真分析所了解景物的特点,然后抓住特点或特色来择取与主题密切相关的材料,再按照一定的顺序组织好材料。写景色可以按照游览的顺序安排,也可以按照空间顺序安排,做到详略得当,主次分明。总之,只有条理,才能保证行文的清楚流畅。

写景时,要突出景物的特点,还要把自己的情感通过景物抒发出来,这样能增强文章的吸引力和感染力。我们可以通过对变化前后不同面貌的描写,通过对一些具体事例的叙述,或通过对典型人物生活、思想等各方面变化的描写,来使文章内容生动具体,突出主题。

【读写结合】

乡间马路旁有一口池塘,池塘的前面是一个大草坪,草坪前面是围龙屋。那是客家人才有的房子。只要你一出围龙屋门,就可以看见许多小朋友在那里嬉戏。池塘的旁边则是一大片土地,种着玉米、龙眼树、小麦……

【迁移运用】

作者借助对家乡典型景色和人们恬淡、闲适生活的描写,抒发了思乡之情。请你也来写写自己的家乡。

（此处为空白方格练习区）

第9课　鲸

运用说明方法，介绍动物特点

【课文链接】

我国捕获过一头四万公斤重的鲸，有十七米长，一条舌头就有十几头大肥猪那么重。它要是张开嘴，人站在它嘴里，举起手来还摸不到它的上腭；四个人围着桌子坐在它的嘴里看书，还显得很宽敞。

【领悟写法】

会恰当地运用说明方法，写出动物的特点。

【读写结合】

金丝猴体长约七十厘米，尾长约与体长相等或长些。鼻孔大，上翘；唇厚，无颊囊。背部的毛长发亮，颜色为青色；头顶、颈、肩、上臂、背和尾的毛为灰黑色；头侧、颈侧、躯干腹面和四肢内侧的毛为褐黄色，毛质十分柔软。因其鼻孔极度退化，即俗称没鼻梁子，因而使鼻孔仰面朝天，所以又有仰鼻猴的别称。

【迁移运用】

运用说明方法，写写自己熟悉的小动物的特点。

（此处为空白方格稿纸）

第9课　松鼠

对比写作手法，写出动物特点

【课文链接】

　　它们面容清秀，眼睛闪闪发光，身体矫健，四肢轻快，非常敏捷，非常机警。玲珑的小面孔，衬上一条帽缨形的美丽尾巴，显得格外漂亮。尾巴老是翘起来，一直翘到头上，自己就躲在尾巴底下歇凉。它们常常直竖着身子坐着，像人们用手一样，用前爪往嘴里送东西吃。可以说，松鼠最不像四足兽了。

【领悟写法】

　　文艺性说明文的写法与说明文写法的区别。

【读写结合】

　　猫是一种漂亮的小动物，它乖巧、驯良，很讨人喜欢。它长着一副小巧玲珑的小面孔，上面有一双蓝宝石般的大眼睛，还有一个红扑扑的小鼻子。它虽然是食肉动物，可是长得一点都不像凶猛的食肉动物。

【迁移运用】

　　仿写一种小动物，把某一个特点写出来，要写清楚明白。

第10课　钓鱼的启示

丰富想象补白，感悟文本情感

【课文链接】

　　父亲划着了一根火柴，看了看手表，这时是晚上十点，距离开放捕捞鲈鱼的时间还有两个小时。父亲盯着鲈鱼看了好一会儿，然后把目光转向了我："孩子，你得把它放回湖里去。"

"爸爸！为什么？"我急切地问道。

"你还会钓到别的鱼的。"父亲平静地说。

"可是不会钓到这么大的鱼了。"我大声争辩着，哭出了声。

我抬头看了一下四周，到处都是静悄悄的，皎洁的月光下看不见其他人和船的影子。我再次把乞求的目光投向了父亲。

尽管没有人看到我们，更无人知道我是在什么时候钓到这条鲈鱼的，但是，从父亲那不容争辩的声音中，我清楚地知道，父亲的话是没有商量余地的。我慢慢地把鱼钩从大鲈鱼的嘴唇上取下来，依依不舍地把它放回到湖里。大鲈鱼有力地摆动着身子，一转眼便消失在湖水中了。

【领悟写法】

爱因斯坦曾说："想象比知识更重要，因为知识是有限的，而想象是知识的源泉。"因而，对于在情节高潮点、文中简略动情处、省略号等地方存在很大想象空间的文本，我们可以努力发挥想象力补白。父亲盯着鲈鱼看了好一会儿，在这"好一会儿"的时间里，父亲的内心活动是怎样的？通过想象补白，同学们要进一步感悟到不仅"我"的情绪强烈波动，父亲的内心也进行了激烈的思想斗争，但为了教育"我"，父亲才做出了放鱼的决定。

【读写结合】

父亲想："现在离鲈鱼开放的时间，还有两个小时，可是儿子却钓到这么大的鱼，我叫儿子放回去，他一定会不高兴；我若不叫他放回去，那不就是引导他做错事？这可是教育孩子的好机会啊！"

【迁移运用】

"我抬头看了一下四周，到处都是静悄悄的，皎洁的月光下看不见其他人和船的影子。我再次把乞求的目光投向了父亲。"此时此刻，"我"把乞求的目光投向了父亲，"我"心里会想些什么？请你发挥想象，写写"我"的内心活动。

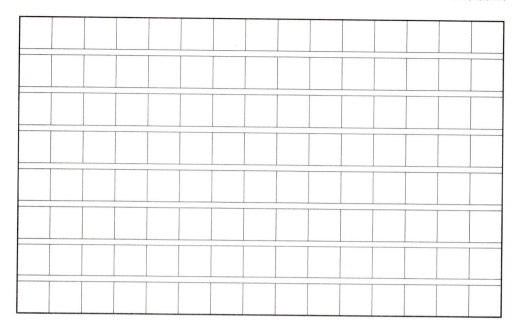

第11课　落花生

阅读带动写作，读写齐头并进

【课文链接】

父亲说："花生的好处很多，有一样最可贵：它的果实埋在地里，不像桃子、石榴、苹果那样，把鲜红嫩绿的果实高高地挂在枝头上，使人一见就生爱慕之心。你们看它矮矮地长在地上，等到成熟了，也不能立刻分辨出来它有没有果实，也必须挖起来才知道。"

我们都说是，母亲也点点头。

父亲接下去说："所以你们要像花生，它虽然不好看，可是很有用。"

我说："那么，人要做有用的人，不要做只讲体面，而对人没有好处的人。"

父亲说："对。这是我对你们的希望。"

我们谈到深夜才散。花生做的食品都吃完了，父亲的话深深地印在我的心上。

【领悟写法】

作为一篇经典,这篇文章出现在不同版本的小学课本中,它虽篇幅不长但是含义深刻,在表达上颇具匠心。我们应重点体会:一是花生的可贵之处,理解父亲的话的深刻含义;二是作者在文章表达上详略分明,借物喻人的写作方法。

通过课前查找资料、分角色朗读等方式了解花生的好处,重点抓住父亲的话结合实际谈谈自己的体会。作者借落花生比喻怎样的人? 在生活中有哪些人也像落花生那样不图虚名、默默奉献? 在交流讨论的过程中,明确借物喻人的写作方法。

【读写结合】

我每次看到小草,总是情不自禁地想起知识的耕耘者——老师。他们把自己毕生的知识像乳汁一样注入每个学生的心田。课堂上他们站酸了脚腿,批改本子时熬红了双眼,他们耗费了自己的青春。啊!这不正是小草精神的真实例子吗?啊! 我赞美你小草,我愿意将来自己也成为一棵小草,为我们的祖国添上一片色彩。

【迁移运用】

我们的周围也有许多像花生一样的人和事,让我们懂得做人的道理。以借物喻人的方法,写一段话来理解。

第12课 珍珠鸟

巧用反写手法,情节趣味盎然

【课文链接】

　　起先,这小家伙只在笼子四周活动,随后就在屋里飞来飞去,一会儿落在柜顶上,一会儿神气十足地站在书架上,啄着书背上那些大文豪的名字,一会儿把灯绳撞得来回摇动,跟着又逃到画框上去了。只要大鸟在笼子里生气地叫一声,它就立即飞回笼里去。

　　我不管它。这样久了,打开窗子,它最多只在窗框上站一会儿,决不飞出去。

　　渐渐它胆子大了,就落在我的书桌上。它先是离我较远,见我不去伤害它,便一点点挨近,然后蹦到我的杯子上,低下头来喝茶,再偏过脸瞧瞧我的反应。我只是微微一笑,依旧写东西,它就放开胆子跑到稿纸上,绕着我的笔尖蹦来蹦去,跳动的小红爪子在纸上发出"嚓嚓"的响声。

　　我不动声色地写,默默享受着这小家伙亲近的情意。这样,它完全放心了,索性用那涂了蜡似的小红嘴,"嗒嗒"啄着我颤动的笔尖。我用手抚一抚它细腻的绒毛,它也不怕,反而友好地啄两下我的手指。

　　白天,它这样淘气地陪伴我;天色入暮,它就在父母的再三的呼唤声中,飞向笼子,扭动滚圆的身子,挤开那些绿叶钻进去。

　　有一天,我伏案写作时,它居然落到我的肩上。我手中的笔不觉停了,生怕惊跑它。待一会儿,扭头看,这小家伙竟趴在我的肩头上睡着了,银灰色的眼睑盖住眸子,小红爪子刚好被胸脯上长长的绒毛盖住。我轻轻抬一抬肩,它没醒,睡得好熟! 还咂咂嘴,难道在做梦?

　　我笔尖一动,流泻下一时的感受:信赖,往往创造出美好的境界。

【领悟写法】

　　通过体会小珍珠鸟的心理感受,进行反写表达小珍珠鸟眼中的冯骥才。同学们在这一过程中体会到了角色转换的快乐,也使习作过程变得有趣而富有实效。

【读写结合】

　　我是一只珍珠鸟,生活在大作家冯骥才的家里。我的主人对我很好,我对他信赖到了极点,甚至可以在他的肩膀上睡大觉,不可思议吧?

　　白天,我淘气地陪伴他,一会儿啄啄纸,一会儿啄啄大文豪的画像,有时闲着无聊了就停在窗框上休息一会儿。天色在不知不觉中暗了下来,玩得不亦乐乎的我过了好久才发现,自己该回家了,爸爸妈妈肯定在家中等着急了。一回到家里,爸爸说:"孩子,这个人类看上去也不坏呢,你在外面待了那么久,竟然毫发无损。"我说:"他可好了,给我吃给我喝的,我再怎么调皮捣蛋,他也不会生气的。"妈妈接着说:"孩子呀,你还是小心谨慎点为好,人类毕竟还是人类呀!说不定哪一天,我们老得不能飞了,他就会把我们全家都给吃了呢!"妈妈的话听过了,但是对我没有丝毫影响。

　　一大清早,我去锻炼我的翅膀,大约过了三十分钟,我飞够了,停在一张写满密密麻麻字的稿纸上休息,一不小心,竟然把墨水瓶给打翻了,墨水渗透了半张稿纸,我原以为他一定会很生气,然后来抓我打我。可是,他并没有这样做,只是对我微微一笑,取来抹布慢慢拭去桌上的墨水和我身上被溅上的几滴墨汁,丑陋的我立马又变成了白雪公主了。他轻轻抚了抚我的绒毛,好像在说:"小珍珠鸟呀,这没有关系的,你不用担心!"望着他慈祥的眼神,我一下了心定了,开心地满屋子飞起来。

　　我和大作家冯骥才的故事是几十个箩筐都装不下,那位和善的大作家从来都没有对我生气过,让我久久无法忘怀的是他那双充满慈爱的双眸……

【迁移运用】

　　请你以小珍珠鸟的身份写写冯骥才。

第13课　遨游汉字王国

围绕关键词语,具体神奇有趣

【课文链接】

　　我们每天都和汉字打交道,你是否感到汉字很有趣呢? 让我们围绕汉字的有趣,有选择地开展一下活动。在你开展活动之前,要认真阅读提供的材料,并从中受到启发,搜集更多体现汉字神奇、有趣的资料。

　　搜集或编写字谜,开展猜字谜活动,体会汉字的有趣。

　　查找体现汉字谐音的故事、歇后语、对联或笑话,和同学交流。

　　搜集有关汉字来历的资料,了解汉字的起源,感受汉字的有趣。

　　通过其他活动,体会汉字的神奇、有趣。

【领悟写法】

紧扣关键词,把活动写具体,体会汉字的神奇、有趣。

【读写结合】

汉字,是中国文化的象征之一,从甲骨文到形声字,只需一笔一画就能塑造出它神奇的面貌。

在不计其数的汉字中,我最喜欢"家"这个字。你瞧!这个"家"字的结构是不是很独特?最下面的一撇,竖钩,一撇,一撇,再在竖钩右边一撇、一捺,不就组成了一个"树根"吗?假如把一个家庭比作一棵大树的话,那么这个"树根"不就是妈妈吗?在这个家庭中,是妈妈在源源不断地给我和爸爸输送着"营养",把美味的食品和漂亮的衣服都为我们准备好,让我和爸爸吃得好、穿得好,恨不得把整个世界上的好东西都给我们。

"家"字最上面的一点加一个宝盖头不就是组成了一个硕大的"树冠"吗?这个"树冠"的简称就是爸爸。在生活中爸爸为我们遮风挡雨,当危险来临时,挺身而出的也是爸爸。爸爸就像一棵大树繁茂的树冠一样,保护着我和妈妈。每天把新鲜资讯讲给我们听的,是爸爸。爸爸一边为我们遮风挡雨,一边为我们收集着新闻,保证家庭里每一天都可以呼吸到外面世界的新鲜气息。这一点可是整天忙着操持家务的妈妈和稚嫩的我无法了解到的。

"家"字中间的一横,也就是稚嫩的我了,位居最重要的中心地带。我就像长在树干上的一段小小的枝干,十分娇弱,似乎一被风吹就断掉。正是因为我是一个弱小的孩子,所以爸爸妈妈才对我百般呵护,视我为掌上明珠。小小的我在劳力上也帮不了妈妈爸爸什么忙,唯一能做的只是每天帮父母解解闷,我的努力总算没有白费,家里天天其乐融融的。家中有为我们遮风挡雨的爸爸,有为我们输送营养的妈妈,有这样美满的家庭,我们是否应该满足呢?

这个看起来简简单单的字,实际上却蕴含了这么美好的寓意!家是幸福的港湾,家是世界上最安全最美好的地方!在千千万万的汉字中,我最喜欢这个"家"字。不管是"家"字的外形还是它的深刻内涵,我认为都是最令人温暖的!

家,是社会的细胞。每个家庭都能和和美美,那我们的社会就会充满活力。家,是需要我们共同撑起的。

【迁移运用】

汉字不光神奇、有趣,还有着悠久的历史,蕴含着丰富的文化呢！在众多的汉字当中,你最喜欢哪个汉字？为什么？

第14课　地震中的父与子

巧用对比描写,突出人物形象

【课文链接】

在他清理挖掘的时候,不断地有孩子的父母急匆匆地赶来。看到这片废墟,他们痛哭并大喊:"我的儿子!""我的女儿!"哭喊过后,他们便绝望地离开了。有些人上来拉住这位父亲,说:"太晚了,没有希望了。"这位父亲双眼直直地看着这些好心人,问道:"谁愿意帮助我?"没人给他肯定的回答,他便埋头接着挖。

消防队长挡住他:"太危险了,随时可能起火爆炸,请你离开!"

这位父亲问:"你是不是来帮助我?"

警察走过来:"你很难过,我能理解,可这样做,对你自己,对他人都有危险,马上回家吧!"

"你是不是来帮助我?"

人们摇头叹息着走开了,都认为这位父亲因为失去孩子过于悲痛,精神失常了。

然而这位父亲心中只有一个念头:"儿子在等着我!"

【领悟写法】

俗话说:"不见高山,不知平地。"文中通过对比手法描写了当地震过后,其他孩子的父母和这位父亲看到这片废墟后的不同表现。有对比,才会有发现,对比使文中这位父亲的人物形象更加饱满深刻。运用对比手法表现人物的性格,可以尝试一下写法:

方法	示例
同一人物的前后对比	多年不见,邻家的"小哑巴"竟长成了一位健谈开朗的少年
同一人物的内外对比	光头强虽然经常砍树,而且长得不是很好看,但他非常孝顺
不同人物的对比	熊大很老实,不像熊二那么顽皮

【读写结合】

他今年七岁,个儿不算高,比较瘦,看起来却很有精神。他留着很短的头发,俊俏的脸上长着一双又黑又亮的眼睛,鼻梁高高的,像个小红萝卜似的。到过他家的人都说他五官端正,是个好看的男孩子。

我的妹妹长得很可爱,前几天是她的百天纪念日,我妈抱着妹妹去"爱你宝贝"照了几张照片。我的妹妹长着一双小而亮晶晶的眼睛，脸鼓鼓的，嘴显得特别小。她有一对可爱的耳朵。一双小手紧握着拳头，不时地摆动着。你瞧！那肉嘟嘟像小馒头似的小脚，可爱极了！我爱我的妹妹。

【迁移运用】

发挥想象，将下面的情景补充完整。要求运用对比手法将公交车上不同人物的表现写出来。语言要符合人物的身份，突出人物的特征。

		一	个	闷	热	的	午	后	，	公	交	车	上	挤
满	了	人	，	一	位	年	轻	的	妈	妈	抱	着	一	个
孩	子	，	可	能	是	热	得	不	舒	服	，	也	可	能
是	人	太	多	，	孩	子	有	点	儿	害	怕	，	一	直
在	啼	哭	……	这	时	，	一	位	打	扮	时	髦	的	
女	孩	儿	甩	出	一	句	：	"						

第15课　学会看病

充分发挥想象，揣摩人物心理

【课文链接】

"你到街上去打车，然后到医院。先挂号，记住，要买一本病历本。然后到内科，先到分诊台，护士让你到几号诊室你就到几号，坐在门口等。查体温的时候不要把人家的体温计打碎……"我喋喋不休地指教着。

"妈妈，您不要说了。"儿子沙哑着嗓子说。

我的心立刻软了。是啊，孩子毕竟是孩子，而且是病中的孩子。我拉起他滚烫的手，说："妈妈这就领你上医院。"他挣开我的手，说："我不是那个意思。我是说我要去找一枝笔，把您说的看病的过程记下来，我好照着办。"

儿子摇摇晃晃地走了。从他出门的那一分钟起，我就开始后悔。我想我一定是世上最狠心的母亲，在孩子有病的候，不但不帮助他，还给他雪上加霜。我就是想锻炼他，也该领着他一道去，一路上指点指点，让他先有个印象，以后再按图索骥。这样虽说可能留不下记忆的痕迹，但来日方长，又何必在意这病中的分分秒秒呢？

时间艰涩地流动着，像沙漏坠入我忐忑不安的心房。两个小时过去了，儿子还没有回来。虽然我知道看病是件费时间的事，但我的心还是疼痛得收缩成一团。

虽然我毫无疑义地判定儿子患的只是普通感冒，如果寻找适宜锻炼看病的病种，这是最好的选择，但我还是深深地自责自己。假如事情重来一遍，我再也不让他独自去看病了。这一刻，我只要他在我身边！

终于，走廊上响起了熟悉的脚步声，只是较平日拖沓。我开了门，倚在门上。

"我已经学会了看病。打了退烧针，现在我已经好多了。这真是件挺麻烦的事，不过，也没什么大不了的。"儿子骄傲地宣布，然后又补充说，"您让我记的那张纸，有的地方顺序不对。"

我看着他，勇气又渐渐回到心里。我知道应该不断地磨炼他，在这个过程中，也磨炼了自己。

孩子,不要埋怨我在你生病时的冷漠。总有一天,你要离我远去,独自面对生活。我预先能帮助你的,就是向你口授一张路线图,它也许不那么准确,但聊胜于无。

【领悟写法】

心理描写通常有三种形式:内心独白、幻觉描写和环境衬托。看下面这个情景,比较一下用这三种形式写出来的心理有什么不同。

形式	含义	示例
内心独白	直接写自己的想法、感受和打算	要发试卷了,我紧张得要命,心里不停地念叨:"完了,要是考砸了怎么办?我以后再也不玩游戏了"
幻觉描写	写出人在某些心理状态下,眼前出现的虚幻画面或声音	要发试卷了,我紧张得要命,好像看到了老师愤怒的表情,仿佛听到了别人的嘲笑声
环境衬托	用周围的环境衬托心理感受	要发试卷了,我紧张得要命。天阴沉沉的,不时吹来一阵冷风,风刮到我身上,我不由自主地打战

【读写结合】

放学后,我很晚才回家。路灯亮了,我的心咯噔一下:"糟了,这回又晚了。"我慌慌张张向家里跑去。一路上,爸爸黑边眼镜后面那双严厉的眼睛,不时出现在我眼前。我忐忑不安,心里七上八下,像揣着一只小兔子似的。我匆匆地一路小跑,心里不住地埋怨自己:"前几天爸爸刚说过,放学后要直接回家,不要到别处去玩。可是我刚遵守了几天,就又给忘了。这回爸爸一定会特别生气,说不定还要揍我呢。"这时,我放慢了脚步,心里想着该怎么办。现在只有一条路,那就是向爸爸承认错误,请他原谅。想到这儿,我又加快了速度,飞快地向家里跑去。

【迁移运用】

阅读下面的情境,发挥想象,写写你当时的心理活动。

昨天忘了写作业,老师让我去办公室一趟,我紧张极了！走在路上,看到小花小草……

第16课　圆明园的毁灭

结尾情感升华，拓展延伸想象

【课文链接】

圆明园的毁灭是祖国文化史上不可估量的损失，也是世界文化史上不可估量的损失！

……

圆明园不但建筑宏伟，还收藏着最珍贵的历史文物。上自先秦时代的青铜礼器，下至唐、宋、元、明、清历代的名人书画和各种奇珍异宝。所以，它又是当时世界上最大的博物馆、艺术馆。

1860 年 10 月 6 日，英法联军侵入北京，闯进圆明园。他们把园内凡是能拿走的东西，统统掠走；拿不动的，就用大车或牲口搬运；实在运不走的，就任意破坏、毁掉。为了销毁罪证，10 月 18 日和 19 日，三千多名侵略者奉命在园内放火。大火连烧三天，烟云笼罩了整个北京城。我国这一园林艺术的瑰宝、建筑艺术的精华，就这样化成了一片灰烬。

【领悟写法】

课前先交流搜集文字或图片资料，了解旧中国曾经蒙受的耻辱，学习"为了销毁证据，10 月 18 日和 19 日，三千多名侵略者奉命在园内放火。大火连烧三天，烟云笼罩了整个北京城"时，用上"没有了……没有了……没有了……也没有了……"的句式说话训练，再联系上下文感悟"圆明园的毁灭是祖国文化史上不可估量的损失，也是世界文化史上不可估量的损失"。

【读写结合】

皇上，你知道吗？我们的国家一直被别的国家欺负，这是为什么？我觉得还不是因为我们的清政府在你的带领下是那样腐败无能！别人侵略我国，我们却没有好军队、好武器来抵抗，只能答应割地赔款的不平等条约来换取一段短暂的和平。一步步后退，只能让别人得寸进尺。眼看着钱快赔完了，地快割让完了，你才命令军队攻打侵略者，你不觉得这样做有点晚吗？大刀长矛哪是枪的对手？箭又怎能打过大炮？最终，英法联军打进了北京城，开始残杀普通老百姓。因为你的无能，因为你的退让，老百姓生活在水深火热之中，整个国家变得不堪一击，作为皇帝的你难道不该反思反思吗？赶快醒悟过来吧！

【迁移运用】

假如你是当时的皇帝、辅佐朝政的大臣、清朝军队中的一名守城士兵、一个老百姓，面对侵略者的丑恶行径，你会怎么说？

（空白方格稿纸）

第17课　狼牙山五壮士

动作神态描写，刻画人物形象

【课文链接】

　　为了拖住敌人，七连六班的五个战士一边痛击追上来的敌人，一边有计划地把大批敌人引上了狼牙山。他们利用险要的地形，把冲上来的敌人一次又一次地打了下去。班长马宝玉沉着地指挥战斗，让敌人走近了，才下命令狠狠地打。副班长葛振林打一枪就大吼一声，好像细小的枪口喷不完他的满腔怒火。战士宋学义扔手榴弹总要把胳膊抡一个圈，好使出浑身的力气。胡德林和胡福才这两个小战士把脸绷得紧紧的，全神贯注地瞄准敌人射击。敌人始终不能前进一步。在崎岖的山路上，横七竖八地躺着许多敌人的尸体。

　　五位战士胜利地完成了掩护任务，准备转移。面前有两条路：一条通往主力转移的方向，走这条路可以很快追上连队，可是敌人紧跟在身后；另一条是通向狼牙山的顶峰棋盘陀，那儿三面都是悬崖绝壁。走哪条路呢？为了不让敌人发现群众和连队主力，班长马宝玉斩钉截铁地说了一声"走！"带头向棋盘陀走去。战士们热血沸腾，紧跟在班长后面。他们知道班长要把敌人引上绝路。

　　五位壮士一面向顶峰攀登，一面依托大树和岩石向敌人射击。山路上又留下了许多具敌人的尸体。到了狼牙山峰顶，五位壮士居高临下，继续向紧跟在身后的敌人射击。不少敌人坠落山涧，粉身碎骨。班长马宝玉负伤了，子弹都打完了，只有胡福才手里还剩下一颗手榴弹。他刚要拧开盖子，马宝玉抢前一步，夺过手榴弹插在腰间，他猛地举起一块磨盘大的石头，大声喊道："同志们！用石头砸！"顿时，石头像雹子一样，带着五位壮士的决心，带着中国人民的仇恨，向敌人头上砸去。山坡上传来一阵叽里呱啦的叫声，敌人纷纷滚落深谷。

【领悟写法】

　　文章通过对战士痛歼敌人的动作和神态的描写，表现了他们英勇杀敌的决心和与敌人血战到底的英雄气概。文中写五壮士英勇跳崖的部分也运用了动作和神态描写的手法，表现了战士们大无畏的牺牲精神和宁死不屈的革命英雄主义精神。

【读写结合】

　　这时，一阵热烈的掌声打断了他的思绪，他猛地一抬头，看见肖大名正从讲台上走下来。他立马又紧张起来。他的目光四处移动，似乎在搜寻什么，他是那么的不安，甚至不敢接触任何人的目光。然后他又把头低下去，好像怕被别人看见似的。他的手指一会儿便被汗水打湿了。

　　他弯着腰，篮球在他的手下前后左右不停地拍着，两眼溜溜地转动，寻找突破的机会。突然他加快了步伐，一会儿左拐，一会儿右拐，冲过了两道防线，来到篮下，一个虎跳，转身投篮，篮球在空中划了一条漂亮的弧线后，不偏不倚地落在筐内。

【迁移运用】

细心观察一下学校组织大扫除时候那热火朝天的场面,用动作、神态描写来表现同学们的劳动热情。

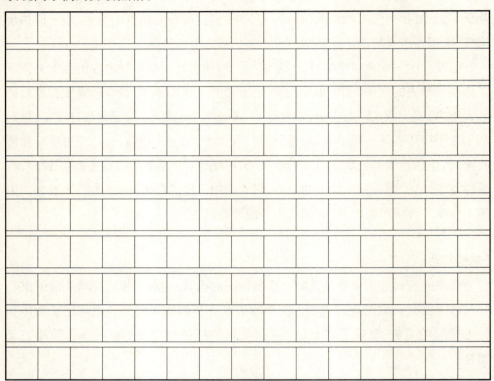

第19课 开国大典

运用点面结合,学习场面描写

【课文链接】

丁字形的广场汇集了从四面八方来的群众队伍。早上六点钟起,就有群众的队伍入场了。人们有的擎(qíng)着红旗,有的提着红灯。进入会场后,按照预定的地点排列。工人队伍中,有从老远的长辛店、丰台、通县来的铁路工人,他们清早到了北京车站,一下火车就直奔会场。郊区的农民是五更天摸着黑起床,步行四五十里路赶来的。到了正午，天安门广场已经成了人的海洋，红旗翻动，像海上的波浪。

下午三点整，会场上爆发出一阵排山倒海的掌声，中华人民共和国中央人民政府主席毛泽东出现在主席台上，跟群众见面了。三十万人的目光一齐投向主席台。

中央人民政府秘书长林伯渠宣布典礼开始。中央人民政府主席、副主席、各位委员就位。乐队奏起了中华人民共和国国歌——《义勇军进行曲》。正是这战斗的声音，曾经鼓舞中国人民为新中国的诞生而奋斗。接着，毛泽东主席宣布："中华人民共和国中央人民政府在今天成立了！"

这庄严的宣告，这雄伟的声音，使全场三十万人一齐欢呼起来。这庄严的宣告，这雄伟的声音，经过无线电的广播，传到长城内外，传到大江南北，使全中国人民的心一齐欢跃起来。

接着，升国旗。毛主席亲自按动连通电动旗杆的电钮（niǔ），新中国的国旗——五星红旗徐徐上升。三十万人一齐脱帽肃立，一齐抬起头，瞻（zhān）仰这鲜红的国旗。五星红旗升起来了，表明中国人民从此站起来了。

升旗的时候，礼炮响起来。每一响都是五十四门大炮齐发，一共二十八响。起初是全场肃静，只听见炮声，只听见国旗和许多旗帜飘拂的声音，到后来，每一声炮响后，全场就响起一阵雷鸣般的掌声。

接着，毛主席在群众一阵又一阵的掌声中宣读中央人民政府的公告。他用强有力的语调向全世界发出新中国的声音。他读到"选举了毛泽东为中央人民政府主席"这一句的时候，广场上的人们热爱领袖的心情融成一阵热烈的欢呼。观礼台上同时响起一阵掌声。

【领悟写法】

作者通过先写毛主席的言行，再写群众的言行，运用点面结合的写法，让读者感受到开国大典仪式时那种激动人心的场面。

【读写结合】

丁零零……每当听到这美妙的下课铃声，我就会条件反射似的想起课间欢乐的十分钟。

　　下课了,老师扯着嗓子布置今天的作业,满座学生仅十余人听着,其余人早已成就自己的大业了。一时间,教室百态,尽收眼底,三十六张面孔,三十六朵花……二分之一者问老师留了哪些作业,四分之一者冲向 WC 谈天说地。其余人在关注着又名林俊杰的仁兄开办的小型演唱会。所谓"山中无老虎,猴子称大王"。此时,教室里像炸开了锅,一片沸腾。哎呀,还真有点派头,偶像小天王任君杰大显身手,但美中不足的是没设备,一切都显得简陋。任君杰拿着扫帚当吉他,一支荧光笔当麦克风,开始表演了。他清了清嗓子,示意为他伴奏的铁哥们准备。你看那老韩像鬼魂一样悠然飘来飘去。"在你的心上,自由的飞翔……"呵,还真是神气十足,老韩的个子比较矮,在人群中像只跳蚤,他越唱越起劲,自我陶醉得把眼睛都闭上了,像获胜的将军走过凯旋门一样。"谢谢大家……"自恋使他的声音十分响亮。他把头一甩,摆出一个酷酷的造型。他的"铁杆粉丝"十分兴奋,喝彩声、起哄声把课间十分钟推向了高潮。

　　丁零零……上课了,喧闹的教室立刻安静下来,像澎湃的潮水开始退潮了。同学们回到座位上,由于课间十分钟使大家紧张的大脑得到了有效缓冲,同学们又聚精会神地去迎接新的学习。

【迁移运用】

　　请选择一个场面,采用点面结合的描写方式,既要写出某个人的神情、言行,又要写出大家的反应。

（格子作答区）

第19课　青山处处埋忠骨

体会内心独白，走进内心世界

【课文链接】

"那一次次的分离，岸英不都平平安安回到自己的身边来了吗？这次怎么会……"

"岸英！岸英！"

"儿子活着不能相见，就让我见见遗体吧！"

"我的儿子死了，我当然悲痛，可是，战争嘛，总是要死人的。朝鲜战场上我们有多少优秀儿女献出了生命，他们的父母难道就不悲痛吗？他们就不想再见一见孩子的遗容吗？岸英是我的儿子，也是朝鲜人民的儿子，就尊重朝鲜人民的意愿吧。"

"岸英难道真的不在了？父子真的不能相见了？"

【领悟写法】

这篇课文写了毛主席作为一个伟大的领袖和一个平凡的父亲，在得知儿子牺牲的噩耗后，内心悲痛万分，充满了矛盾。作者采用内心独白的方式，让读者走进了毛主席的内心世界，感受他的痛苦、矛盾。

【读写结合】

唉！主席把一生奉献给了新中国，奉献给了中国的劳苦大众。此前，他的五位亲人为了中国的革命事业已经相继献出了生命。此时，他又失去了他挚爱的长子，这是多么刻心的疼痛啊！他这一夜估计没好好睡觉吧！真不知主席一夜之间又添了多少白发啊！寥寥数语毅然决定把儿子的尸骨留在远在千里之外的异乡，我足以了解他做这个决定是多么艰难！主席啊主席，您为我们全中国的胜利付出得太多太多！

【迁移运用】

想象彭德怀接到主席回电时的情景，试着写写他的内心独白（可以是自言自语，也可以是心里所想）。

彭德怀双手颤抖着接过主席的回电，望着那一行醒目的"青山处处埋忠骨，何须马革裹尸还"，他热泪盈眶……

第20课　毛主席在花山

运用语言描写,体会人物性格

【课文链接】

　　警卫员帮大娘端着盛满玉米的簸箕回到了花椒树下的碾台。一会儿,陆续又来了几个碾米的老乡,碾台吱吱扭扭地转了起来。警卫员刚回到院里,毛主席就叫他。他走进去,毛主席把笔放下,说:"任务完成得不错。还有一件事等着你办。"说着,毛主席从桌上拿起一筒茶叶说:"你把这筒茶叶交给炊事员,让他每天这个时候沏一桶茶水,你负责给碾米的群众送去。"

　　警卫员知道,这筒茶叶是在南方工作的同志送的,转了几道手才送到毛主席这里,他一直没舍得喝。他站在那里,表示为难。主席说:"你想过没有? 我们如果没有老百姓的支持,能有今天这个局面吗?我们吃的穿的,哪一样能离开群众的支持? 全国的老百姓就是我们胜利的可靠保证。反过来讲,我们进行的斗争,也正是为了全国的老百姓。这些道理你不是不明白。依我看,你是把我摆在特殊位置上。"警卫员只好接过茶叶筒,端端正正地向毛主席敬了个礼。毛主席笑着说:"快去吧,炊事员还等着你呢。"

【领悟写法】

　　本文通过语言描写,记述了毛主席1948年春夏之交住在花山村时的几件事,表现了毛主席热爱群众、关心群众、平易近人的品质。语言描写是本文的一大亮点,我们可以通过语言描写感受毛主席的品质。

【读写结合】

　　门被打坏了,开了一个篮球大的窟窿。班主任来了,瞪着眼,气冲冲地说:"谁踢坏的? "捣蛋鬼董小天斜着眼,冷笑着:"鬼知道,又没有人叫我一定要看好门! "旁边的张小勇,朝老师做了个鬼脸,冷嘲热讽地说:"哈……开了窗,好通风。"谁知这一下却惹恼了站在旁边的高芳芳："是董小天,他来时,一阵风正好把门关了,他就抬起脚,用力一踢。"董小天脚一跺:"大白天别说梦话! 你小心点,不要诬陷好人!""我才不瞎说呢,大家都看见的。你凭什么做了坏事,还要耍贫嘴。"老师说:"还有谁看见的?""我……没看见。"李星使劲地咽了一口水,神情恍惚。

【迁移运用】

要求运用语言描写,写出人物的性格特点。

我的妈妈是个急性子。

我的爸爸是个慢性子。

五年级（下）

第1课　草原

运用修辞手法,学会借景抒情

【课文链接】

这次,我看到了草原。那里的天比别处的更可爱,空气是那么清鲜,天空是那么明朗,使我总想高歌一曲,表示我满心的愉快。在天底下,一碧千里,而并不茫茫。四面都有小丘,平地是绿的,小丘也是绿的。羊群一会儿上了小丘,一会儿又下来,走在哪里都像给无边的绿毯绣上了白色的大花。那些小丘的线条是那么柔美,就像只用绿色渲染,不用墨线勾勒的中国画那样,到处翠色欲流,轻轻流入云际。这种境界,既使人惊叹,又叫人舒服;既愿久立四望,又想坐下低吟一首奇丽的小诗。在这境界里,连骏马和大牛都有时候静立不动,好像回味着草原的无限乐趣。
……

是啊! 蒙汉情深何忍别,天涯碧草话斜阳!

【领悟写法】

本文第一自然段写景的语言优美动人,运用比喻和拟人的修辞手法,按照一定的顺序(由高到低)叙述,生动贴切,又不失纯朴简练。这浑然天成的草原风光图正是为作者抒发蒙汉民族之间的深情厚谊做铺垫。

【读写结合】

我又看见了大海。那里的天是那么可爱,空气是那么清新,天空是那么明朗,使我总想高歌一曲,表示我的愉快。天,连着海;海,连着天。让我感到自己不是在海边,而是置身于只用蓝色渲染,不用墨线勾勒的中国画中,到处都是蔚蓝色的海水,轻轻地流向了天边。我将几只小纸船放入水中,它们带着我美好的梦想,随波漂流,无论漂到哪里,都像给无边的蓝绸缎绣上了白色的小花。在这种境界里,既愿久立四望,任那淘气的海浪肆意地拍打着我的衣衫;又想取出纸笔,将此刻的心情流泻在纸上:大海,我爱你!

这次,我看到了水库,那里的天比别处的更蓝,水是那么清澈,阳光是那么明媚,使我总想游泳一圈,表示我满心的愉快。在水底下,无数根水草,看得一清二楚,而并不浑浊,四面八方都有水草,小草是绿的,水草也是绿色。鱼儿一会儿游到了这里,一会儿又游到了那里。经过太阳的反射,河面上变得银光闪闪,像一颗颗闪亮的宝石。那些小路的线条是那么奇妙,就像只用绿草引路,而不用开路,到处绿色欲流,幽幽无声。这种境界,既使人舒心,又叫人赞叹;既让人想静观河面,又想游泳一圈。在这境界里,连鱼儿和小虾都静卧不动,好像倾听着河水的美妙歌声。啊! 多么令人陶醉的魅力水库!

【迁移运用】

仿课文第一自然段的写法,介绍一处景物,比如家乡的公园、校园、大海、小河、小巷……并抒发自己的感情,注意要抓住景物特点,运用比喻和拟人的修辞手法。如果能按照一定的顺序写就更好了! 别忘了,还要融入自己的感情哟!

（此处为方格稿纸）

第 2 课　丝绸之路

关注文章结构，学会首尾呼应

【课文链接】

一座古朴典雅的"丝绸之路"巨型石雕，矗立在西安市玉祥门外。那驮着彩绸的一峰峰骆驼，高鼻凹眼的西域商人，精神饱满，栩栩如生。商人们在这个东方大都市开了眼界，正满载货物返回故乡。望着这座群雕，就仿佛看到了当年丝绸之路上商旅不绝的景象，仿佛听到了飘忽在大漠中的悠悠驼铃声……

……

两千多年后的今天，每当人们凝望"丝绸之路"巨型石雕，无不引起对往日商贸、文化繁荣的遐想……

【领悟写法】

本文采用了首尾呼应的写作手法。文章开头"望着这座群雕，就仿佛看到了当年丝绸之路上商旅不绝的景象，仿佛听到了飘忽在大漠中的悠悠驼铃声……"与文章结尾"两千多年后的今天，每当人们凝望'丝绸之路'巨型石雕，无不引起对往日商贸、文化繁荣的遐想……"形成了照应之势，不但使文章结构严谨，浑然一体，而且突出了主题。

我们在写作时也可以运用首尾呼应的方法，在运用前后照应手法时要注意：首先，前后有内在联系，内容要相关。其次，前后内容所表达的文章主旨要一致。

【读写结合】

万事开头难。的确，当你在第一次做这件事时，内心总会充满各种恐惧与怀疑。可其实，只要我们下定决心，就能轻易地跳过去。所以，不要惧怕，勇敢地跳过去吧。

随着长绳啪的落地声，我迅速地跳过去。啊，我跳过来啦！心中的喜悦简直无法用言语来形容，满足、激动、惊讶席卷而来。抬头向上看，发现天空蓝得那么清透，如丝绸，如锦缎。

勇敢地跳过去吧！战胜恐惧，敢于迈出第一步，你就会发现，原来如此简单！

——《勇敢地跳过去》

我第一次注意到小路两边的草丛中，竟然开着那么多的小花，闪着亮光在风中摇摆；第一次看到低矮的树枝上，竟搭着精致的鸟巢，小鸟在树林中飞来飞去，呼朋引伴；第一次注意到脚下的乱石块中，还有一些彩色的小石子，被雨水冲刷得格外惹眼……

行色匆匆的我们已经错过太多路上的风景，我们应该放慢脚步，行走在人生的路上，细细观赏每一缕阳光、每一片树叶、每一朵花儿、每一滴露珠……收获本该属于我们的美丽人生。

——《放慢脚步》

【迁移运用】

下面是一篇文章的开头，请你为这段话设计一个结尾，要首尾呼应。

开头：在我的抽屉里，一直珍藏着一片黄黄的树叶，它是一片像扇子样的银杏叶，是我和好友芳芳在一次郊游时摘下来夹在书里的。

结尾：

<table>
<tr><td></td><td></td><td></td><td></td><td></td><td></td><td></td><td></td><td></td><td></td><td></td><td></td></tr>
<tr><td></td><td></td><td></td><td></td><td></td><td></td><td></td><td></td><td></td><td></td><td></td><td></td></tr>
<tr><td></td><td></td><td></td><td></td><td></td><td></td><td></td><td></td><td></td><td></td><td></td><td></td></tr>
<tr><td></td><td></td><td></td><td></td><td></td><td></td><td></td><td></td><td></td><td></td><td></td><td></td></tr>
<tr><td></td><td></td><td></td><td></td><td></td><td></td><td></td><td></td><td></td><td></td><td></td><td></td></tr>
<tr><td></td><td></td><td></td><td></td><td></td><td></td><td></td><td></td><td></td><td></td><td></td><td></td></tr>
<tr><td></td><td></td><td></td><td></td><td></td><td></td><td></td><td></td><td></td><td></td><td></td><td></td></tr>
<tr><td></td><td></td><td></td><td></td><td></td><td></td><td></td><td></td><td></td><td></td><td></td><td></td></tr>
<tr><td></td><td></td><td></td><td></td><td></td><td></td><td></td><td></td><td></td><td></td><td></td><td></td></tr>
<tr><td></td><td></td><td></td><td></td><td></td><td></td><td></td><td></td><td></td><td></td><td></td><td></td></tr>
<tr><td></td><td></td><td></td><td></td><td></td><td></td><td></td><td></td><td></td><td></td><td></td><td></td></tr>
</table>

第 3 课　白杨

抓住关联词语，学会借物喻人

【课文链接】

爸爸的微笑消失了，脸色变得严肃起来。他想了一会儿，对儿子和小女儿说："白杨树从来就是这么直。哪儿需要它，它就在哪儿很快地生根发芽，长出粗壮的枝干。不管遇到风沙还是雨雪，不管遇到干旱还是洪水，它总是那么直，那么坚强，不软弱，也不动摇。"

【领悟写法】

《白杨》写的是在通往新疆的火车上,一位父亲和两个孩子,望着车窗外的白杨展开讨论的事。作者借白杨,热情歌颂了边疆建设者服从祖国需要,扎根边疆、建设边疆的远大志向和奉献精神。

文章由树及人,从孩子关于白杨的争论开始,引出爸爸对白杨特点的介绍,借白杨表明了自己扎根边疆的志向,并希望孩子也能够成为边疆建设者的心愿。托物言志,借物喻人,文笔清新流畅,人物描写生动,这样的写法值得我们学习。

【读写结合】

外婆家种了许多果树,有桃树、苹果树、樱桃树,还有葡萄藤呢。春天,樱桃树结果了,一个个红红的小樱桃,就像一颗颗珍珠挂在枝头;夏天,一串串晶莹的紫葡萄爬满了藤蔓,露出甜蜜的笑脸;秋天,红彤彤的苹果,犹如点燃的灯笼,挂满了树梢,人见人爱,恨不得一口吞下。

一年暑假,我去外婆家玩,外婆伸手给我摘下一颗类似圣女果那样的小果子。它并不诱人,软软的外壳青上发紫,好像刚被打了一顿,却依然露出了"白白的牙齿"。我一尝,啊,真好吃。我问外婆:"这是什么?真妙,味道棒极了。"外婆告诉我:"这是无花果。"

我看那无花果树,它不像杨树那样高大挺拔,也不像桂花那样香飘十里,更不像梅花那样美丽多姿。它默默无闻地生长着,从不炫耀自己,奉献出了自己的青春,奉献出了自己的爱。

看到无花果树,我想起了从农村来到城市打工的农民工。他们穿着并不华丽,工作十分辛苦,可得到的报酬并不多,但是,他们却只有一个念头:为人民造福,让大家快乐。他们默默地为人民奉献,也跟无花果有着一样的品质——不炫耀。

我敬佩无花果,更敬佩朴实无华的农民工!

——《无花果赞》

小小的花瓣,细而有劲的枝,淡淡的粉白,缠绕在周身的芳香。那是一种在冬天才傲然开放的花,那是一种在雪中才显得更加纯白的花,那是一种雪花压不倒的花。是的,那就是梅花,在冬雪中傲然挺立的花。

这就是我喜爱梅花的原因,坚强不屈。虽然冬天是那样的寒冷,以至于人们都懒得出门,然而梅花却在风雪中开着那小小的花,而这小小的花,所象征的精神,却远比那夏天中艳丽多彩的玫瑰、月季、牡丹高尚得多。

你看那梅花,像极了纯白的雪,只是那雪花融化之后,留下的只是一摊污迹,华而不实,虚假得很,而梅花,她是真真正正的纯白,有时还带着一点点粉红,她留下的,是似有似无的芳香。她的朴质与素雅,也不是常人所能及的。

你看那在风雪中傲然挺立,怒放着的梅花,难道你就丝毫没有感受到她的美吗?难道在漫无边际的白雪中,你突然看到前方有一株挺立着的梅花,你就不被她那种不畏寒霜、坚强不屈的精神所感染吗?难道你不曾想到,她与红军战士们坚强不屈的精神多少有些相似吗?难道你就没有想到,这傲雪临霜的雪梅,真真切切地象征了我们的革命战士们,象征了他们那种顽强不屈、勇于拼搏,渴望着暴风雪的来临的那种精神、那种意志品质吗?

人们赞美牡丹,是因为它的富贵;赞美荷花,是因为它的出淤泥而不染,而我赞美梅花,是因为她的那种坚强不屈、傲雪斗霜的精神,同时也象征了那些在困难面前不低头、越挫越勇的人们!

——《梅花》

【迁移运用】

试着用借物喻人的写法,夸一夸像课文中爸爸那样的祖国建设者和保卫者(如筑路工人、地质队员、建筑工人、青年志愿者、军人等)。如果能用上"哪儿……哪儿……""不管……不管……总是……"等句式就更了不起啦!

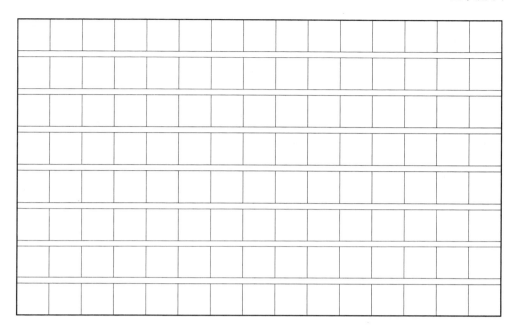

第4课　清平乐·村居

运用联想想象,描绘诗意童年

【课文链接】

　　茅檐低小,溪上青青草。醉里吴音相媚好,白发谁家翁媪？　　　大儿锄豆溪东,中儿正织鸡笼。最喜小儿亡赖,溪头卧剥莲蓬。

【领悟写法】

　　从语言入手再现画面,从画面感受意境。运用联想、想象,进行再创造,感悟诗歌的艺术境界,丰富诗的内容。

【读写结合】

　　用自己的语言描述这首词的画面:午后,我怀着悠闲的心情慢慢地散步,无意间看到了一座又低又小的茅屋。茅屋的屋檐又低又矮,溪边长满绿绿的青草,溪水清澈,正缓缓流淌。一阵吴音,絮絮叨叨,还带着几分醉意,这一切是多么的亲切美好!原来是满头白发的老公公老婆婆正在用吴地的方言互相逗趣取乐。他们的大儿子在河东面的豆地里除草,勤勤恳恳,秋天一定会有个好的收成吧!二儿子正忙于编织鸡笼,他多么心灵手巧!一个个笼子一定会卖个好价钱!最令人欢喜的是小儿子顽皮淘气,一切不关他的事,无忧无虑地横卧在溪头草丛,剥食着刚刚摘下来的莲蓬。

多么幸福的家庭啊!我深深地陶醉了,呆呆地站在哪儿,久久不愿离去……

【迁移运用】

借助课文插图,想象《舟过安仁》描绘的情景,然后把《舟过安仁》改写成一个小故事。

第5课　冬阳·童年·骆驼队

运用白描手法,抒情含蓄自然

【课文链接】

我站在骆驼的面前,看它们咀嚼的样子:那样丑的脸,那样长的牙,那样安静的态度。它们咀嚼的时候,上牙和下牙交错地磨来磨去,大鼻孔里冒着热气,白沫子沾在胡须上。我看呆了,自己的牙齿也动起来。

老师教给我,要学骆驼,沉得住气的动物。看它从不着急,慢慢地走,慢慢地嚼,总会走到的,总会吃饱的。也许它天生是该慢慢的,偶然躲避车子跑两步,姿势就很难看。

骆驼队伍过来时,你会知道,打头儿的那一匹,长脖子底下总系着一个铃铛,走起来,当当当地响。

"为什么要一个铃铛?"我不懂的事就要问一问。

爸爸告诉我,骆驼很怕狼,因为狼会咬它们,所以人类给它戴上铃铛,狼听见铃铛的声音,知道那是有人类在保护着,就不敢侵犯了。

我的幼稚心灵中却充满了和大人不同的想法,我对爸爸说:"不是的,爸!它们软软的脚掌走在软软的沙漠上,没有一点点声音,你不是说,它们走上三天三夜都不喝一口水,只是不声不响地咀嚼着从胃里反刍出来的食物吗? 一定是拉骆驼的人类,耐不住那长途寂寞的旅程,所以才给骆驼带上了铃铛,增加一些行路的情趣。"

爸爸想了想,笑笑说:"也许,你的想法更美些。"

【领悟写法】

白描是文字简练单纯、不加渲染烘托的写作手法。文中写骆驼的形态时没有修饰的语言,只有记忆的如实再现。文章从头到尾围绕着骆驼队,展开对童年生活的追忆,语言朴实却蕴含着感伤和怀念。我们在写回忆性的文章时可以运用这种写法。

【读写结合】

我站在母亲面前,看着妈妈的脸,看她忙碌疲累的样子:那样瘦弱的身体,那样皲裂的手,那样满足的神情……

我站在麦穗的面前,看它们低头的样子:那样细的秆,那样直的芒,那样倔强的态度。它们摆动的时候,饱满的种子随风摇曳,麦秆直挺挺的,起伏成一道道的麦涛。……

【迁移运用】

在大人眼里,老鼠很坏,可孩子们还是喜欢它们。童年的你,对于某一事物,是否也有与大人不同的看法? 试着写写。

第6课　童年的发现

倒叙开头激趣,巧妙设置悬念

【课文链接】

　　我在九岁的时候就发现了有关胚胎发育的规律,这完全是我独立思考的结果。

　　听完这句话,你大概忍不住会哈哈大笑,愿意笑你就笑吧,反正笑声不会给你招来祸患。我跟你可不同。事情过去了三年,有一次我想起了自己的发现,情不自禁笑出声音,竟使我当众受到了惩罚。

　　我的发现起始于梦中飞行。每天夜里做梦我都飞,我对飞行是那样迷恋,只要双脚一点,轻轻跃起,就能离开地面飞向空中。后来,我甚至学会了滑翔,在街道上空,在白桦林梢头,在青青的草地和澄澈的湖面上盘旋。我的身体是那样轻盈,可以随心所欲,运转自如,凭着双臂舒展和双腿弹动,似乎想去哪里就能飞到哪里。

　　我以为在同学中间只有我一个人具有飞行的天赋,可是,有一天我终于弄明白了,每到夜晚,我的小伙伴们也都会在梦中飞腾。那天,我们几个人决定去见我们的老师,让他来解答这个奇妙的问题。

【领悟写法】

　　文章开头写出故事的结局或某些情节,给读者造成悬念,激起读者的阅读兴趣,继续阅读了解事情的全过程,这种方法就是倒叙开头,设置悬念。我们可以尝试运用这种方法,注意开头部分一定要精心安排,巧妙设计哟!

【读写结合】

　　卢翰藜在他十岁时发明了节能水壶。他是怎样发明的呢? 用水壶在天然气炉子上烧水时,人站在炉子边就能感觉到火焰燃烧的热量,这说明天然气的能量有所流失,能源并没有得到充分利用。怎样最大限度地利用能源呢? 当时还在读小学

小学原生态作文教学系列丛书——悦读喜作

的卢翰蕤开始认真思考。……

【迁移运用】

你了解自己在妈妈肚子里的成长过程吗？上网查资料了解一下吧。谈谈你的体会，运用倒叙的方法写一写。

第7课　杨氏之子

古文改成白话，内容详细具体

【课文链接】

梁国杨氏子九岁，甚聪惠。孔君平诣其父，父不在，乃呼儿出。为设果，果有杨梅。孔指以示儿曰："此是君家果。"儿应声答曰："未闻孔雀是夫子家禽。"

【领悟写法】

《杨氏之子》是一篇文言文。文章内容简短，文字精炼，意蕴丰富，给读者留下想象的空间，比如"梁国杨氏子九岁，甚聪惠"，虽然只有十个字，但我们可以想象一下杨修的外貌、穿戴等。

【读写结合】

古时候，梁国有家姓杨的人家。这家有个儿子，九岁了，叫杨修。杨修非常聪明乖巧，长得也十分可爱。他双眼皮，大眼睛，水灵灵的眸子，晶莹闪亮。一张能说会道的小嘴巴，净往人心里说话；他对人总那么有礼貌，非常讨人喜欢。……

【迁移运用】

杨修家是大户人家，谁来招待，谁来开门呢？小孩子出来是谁叫出来的？小孩出来以后，会怎样跟孔君平见面？发挥想象，这个是重点。从"孔指以示儿曰"到结束，小杨修拿出水果以后，他们怎么说的，不要只说两句话，要展开想象，他们还会说些什么？写一段话。

第9课 半截蜡烛

剧本改记叙文，比较体裁异同

【课文链接】

蜡烛越燃越短。杰奎琳打了个懒懒的哈欠，走到少校面前。

杰奎琳："司令官先生，天晚了，楼上黑，我可以拿一盏灯上楼睡觉吗？"（她宝石般的眼睛在烛光下显得异常可爱）

少校（看着她那粉嘟嘟的小脸蛋，笑了）："当然可以，美丽的小天使。我也有一个像你这么大的女儿，和你一样可爱，她叫玛琳娜。"

杰奎琳（笑容像百合花一样纯洁）："我觉得她一定非常想您，司令官先生。和您聊天真有趣，可是我实在太困了。"

少校："那么，晚安，小姑娘。"

杰奎琳："晚安，各位先生。晚安，妈妈。"

伯诺德夫人（温柔地）："晚安，亲爱的。"

杰奎琳慢慢端着蜡烛走上楼去。在踏上最后一级楼梯时，蜡烛熄了。

【领悟写法】

剧本主要通过人物对话或唱词来推进情节，刻画人物。比较一下剧本和记事文章的不同。

【读写结合】

蜡烛被那罪恶的焰火越燃越短。杰奎琳心里忐忑不安，但是，她机智的脑袋想到了一个办法。于是，她假装打了个懒懒的哈欠，走到少校面前。杰奎琳用天真稚嫩的声音，故作镇静地说："司令官先生，天已经很晚了，楼上黑，我可不可以拿盏灯上楼睡觉呢？"她宝石般的眼睛在烛光下显得异常可爱，但却隐藏着一颗焦急的心！少校看着她那粉嘟嘟的小脸蛋，笑了笑，说："当然可以，美丽的小天使。我也有一个像你这么大的女儿,和你一样可爱,她叫玛琳娜。"这时的少校,高兴地表现出了自己身为父亲的胸怀。杰奎琳七上八下的心虽有几分放松但也有几分谨慎,她又把笑容开得像百合花一样纯洁美丽,说道:"我觉得她一定非常想念您,司令官先生。和您聊天真有趣,可是我实在太困了!"少校对这个天真无邪的小女孩无半点怀疑,和蔼地说:"那么,晚安,小姑娘。"杰奎琳暗喜,天真地说:"晚安,各位先生。晚安,妈妈。"伯诺德夫人很配合杰奎琳,温柔地说道:"晚安,亲爱的。"杰奎琳小心翼翼地端着蜡烛走上楼去。在踏上最后一级楼梯时,蜡烛熄灭了,而秘密因这一家三口的勇敢机智而没泄露,拯救了许多生命!

【迁移运用】

截取其中一幕改写成一段文字,将人物的语言还原成一段话,发挥想象,加上人物的动作、神态、心理描写。

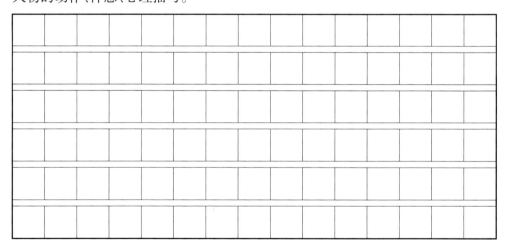

第9课 再见了,亲人

认识情景结合,学会迁移运用

【课文链接】

大娘,停住您送别的脚步吧!为了帮我们洗补衣服,您已经几夜没合眼了。您这么大年纪,能支持得住吗?快回家休息吧!为什么摇头呢?难道您担心我们会把您这位朝鲜阿妈妮忘怀?不,永远不会。八年来,您为我们花了多少心血,给了我们多少慈母般的温暖!记得五次战役的时候,由于敌机的封锁,造成了暂时的供应困难。我们空着肚子,在阵地上跟敌人拼了三天三夜。是您带着全村妇女,顶着打糕,冒着炮火,穿过硝烟,送到阵地上来给我们吃。这真是雪中送炭啊!当时许多同志感动得流下了眼泪。在您的帮助下,我们打胜了那次阻击战。您在回去的途中,累得昏倒在路旁了。我们还记得,我们的一个伤员在您家里休养,敌机来了,您丢下自己的小孙孙,把伤员背进了防空洞;当您再回去抢救小孙孙的时候,房子已经炸平了。您为我们失去了唯一的亲人。您说,这比山还高比海还深的情谊,我们怎么能忘怀?

【领悟写法】

文章的句式很有特点,情感和叙事相交替,用满含深情的语句开头,表达深情;以反问句结尾,表达深情厚谊;由送别情景和追忆令人难忘的往事组成中间部分。

【读写结合】

小张班长,我想跟你说声"再见",心中万般不舍啊!每当我看见你缺失的右臂,我的心中仿佛有千根钢针刺着,脑海中就会浮现出 1953 年那个黑色的、令人感到恐惧的下午……

那天,天色阴沉,天上的乌云黑压压地盖住了天空,风呼呼地吹着……也不知过了多久,听到远处天空传来飞机的轰鸣声,孩子正在院里玩儿,就在这时,敌机已经接近了我们的房子,我觉得不妙,便招呼孩子进屋,不料敌人的一颗炸弹丢了下来,恰巧落在孩子身边。就在这危急时刻,你带领一班的战士路过,你把孩子用力推到一边,孩子得救了,炸弹却在你身边爆炸了……

当你苏醒时,发现自己失去了右臂,却并无一丝悲伤,而是转过头望着已经哭成泪人的我,担心地问道:"孩子没事儿吧?"当我把孩子带到你身边时,你的嘴角露出一丝微笑,接着又因失血过多昏迷了过去。

今天,你要离开我们回国了,你这种舍己为人的精神,让我怎能忘怀?

【迁移运用】

　　仿课文的构段方法,以朝鲜人民的口吻,写写送别中国人民志愿军战士的场景。

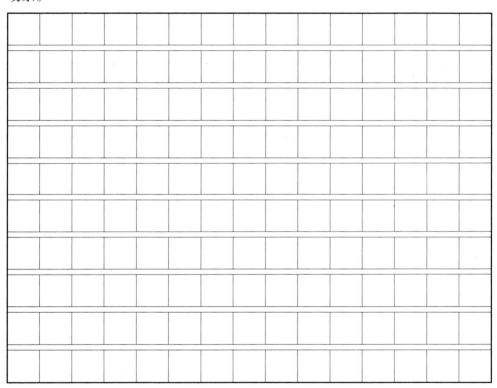

第10课　桥

运用联想方法,内容表达生动

【课文链接】

　　突然,那木桥轰的一声塌了。小伙子被洪水吞没了。

　　老汉似乎要喊什么,猛然间,一个浪头也吞没了他。

　　一片白茫茫的世界。

　　五天以后,洪水退了。

一个老太太,被人搀扶着,来这里祭奠。

她来祭奠两个人。

她丈夫和她儿子。

【领悟写法】

联想是由于某人或某种事物而想起其他相关的人或事物,某一概念而引起其他相关的概念。把联想运用到写作中,可使文章内容丰富充实,表达生动形象。

【读写结合】

那一天,老头儿为了让全村人用上自来水,天没亮,起了个大早。不知走了多少里山路,找了多少个部门,摸黑回到家里已经是半夜,他连饭都还没吃啊!他却说:"我饭可以不吃,觉可以不睡,但群众不可以用脏水!"

【迁移运用】

请展开丰富的联想,把老汉为村民服务的事选择一两件写下来。

五天以后,洪水退了。一位老太太,被人搀扶着,她来祭奠两个人——她丈夫和她儿子。泪眼蒙眬之中,老太太的眼前又出现了老汉为村民辛劳的一桩桩往事……

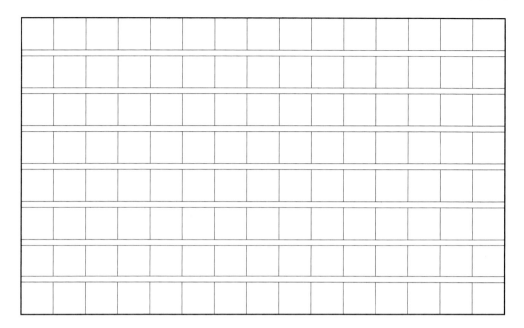

第11课　将相和
完整交代叙事，要素不可缺少

【课文链接】

战国时候，秦国最强，常常进攻别的国家。

有一回，赵王得了一件无价之宝，叫和氏璧。秦王知道了，就写一封信给赵王，说愿意拿十五座城换这块璧。

赵王接到了信非常着急，立即召集大臣来商议。大家说秦王不过想把和氏璧骗到手罢了，不能上他的当，可是不答应，又怕他派兵来进攻。

正在为难的时候，有人说有个叫蔺相如的，勇敢机智，也许他能解决这个难题。

赵王把蔺相如找来，问他该怎么办。

蔺相如想了一会儿，说："我愿意带着和氏璧到秦国去。如果秦王真的拿十五座城来换，我就把璧交给他；如果他不肯交出十五座城，我一定把璧送回来。那时候秦国理屈，就没有动兵的理由。"

赵王和大臣们没有别的办法,只好派蔺相如带着和氏璧到秦国去。

蔺相如到了秦国,进宫见了秦王,献上和氏璧。秦王双手捧住璧,一边看一边称赞,绝口不提十五座城的事。蔺相如看这情形,知道秦王没有拿城换璧的诚意,就上前一步,说:"这块璧有点儿小毛病,让我指给您看。"秦王听他这么一说,就把和氏璧交给了蔺相如。蔺相如捧着璧,往后退了几步,靠着柱子站定。他理直气壮地说:"我看您并不想交付十五座城。现在璧在我手里,您要是强逼我,我的脑袋和璧就一块儿撞碎在这柱子上!"说着,他举起和氏璧就要向柱子上撞。秦王怕他真的把璧撞碎了,连忙说一切都好商量,就叫人拿出地图,把允诺划归赵国的十五座城指给他看。蔺相如说和氏璧是无价之宝,要举行个隆重的典礼,他才肯交出来。秦王只好跟他约定了举行典礼的日期。

蔺相如知道秦王丝毫没有拿城换璧的诚意,一回到宾馆,就叫手下人化了装,带着和氏璧抄小路先回赵国去了。到了举行典礼的那一天,蔺相如进宫见了秦王,大大方方地说:"和氏璧已经送回赵国去了。您如果有诚意的话,先把十五座城交给我国,我国马上派人把璧送来,决不失信。不然,您杀了我也没有用,天下的人都知道秦国是从来不讲信用的!"秦王没有办法,只得客客气气地把蔺相如送回赵国。

这就是"完璧归赵"的故事。蔺相如立了功,赵王封他做上大夫。

【领悟写法】

讲好故事是个技术活,一个完整的故事一般包括时间、地点、人物、起因、经过和结果六要素。六个要素不一定要面面俱到,但要交代清楚事情的前因后果。"麻雀虽小,五脏俱全。"即使写一件小事,也要有"头",有"身子",有"尾巴"。例如:"从前有座山,山上有座庙,庙里有个老和尚,老和尚在给小和尚讲故事……"这首人人皆知的民间童谣,完整地交代了叙事的四要素:时间(从前)、地点(山上的庙里)、人物(老和尚、小和尚)、事件(老和尚在给小和尚讲故事)。

【读写结合】

今天下午放学,我坐公交车回家。坐在车上很无聊,我就用手指在车窗上画画儿。

我先画一个圆，再在圆内点了三个点，上面两点，下面一点。接着我又画上了嘴巴、耳朵、头发。哈哈！完工了，一个非常可爱的小人头就这样画好了。于是我又开始画了，一个、两个、三个……

——《车窗娃娃》

【迁移运用】

根据下面的情境，请你发挥想象，将后面要发生的事情补充完整，交代清楚事情的起因、经过和结果（500 字左右）。

去年夏天的一个午后，我拿着妈妈刚给的五元钱来到超市，想买一支雪糕。这时，一位衣衫褴褛的老人朝我走来……

小学原生态作文教学系列丛书——悦读喜作

（空白方格稿纸）

第 12 课　草船借箭

仿照例文秘诀，缩写课文有法

【课文链接】

　　鲁肃私自拨了二十条快船，每条船上配三十名军士，照诸葛亮说的，布置好青布幔子和草把子，等诸葛亮调度。第一天，不见诸葛亮有什么动静；第二天，仍然不见诸葛亮有什么动静；直到第三天四更时候，诸葛亮秘密地把鲁肃请到船里。鲁肃问他："你叫我来做什么？"诸葛亮说："请你一起去取箭。"鲁肃问："哪里去取？"诸葛亮说："不用问，去了就知道。"诸葛亮吩咐把二十条船用绳索连接起来，朝北岸开去。

　　这时候大雾漫天，江上连面对面都看不清。天还没亮，船已经靠近曹军的水寨。诸葛亮下令把船头朝西，船尾朝东，一字摆开，又叫船上的军士一边擂鼓，一边大声呐喊。鲁肃吃惊地说："如果曹兵出来，怎么办？"诸葛亮笑着说："雾这样大，曹操一定不敢派兵出来。我们只管饮酒取乐，天亮了就回去。"

曹操听到鼓声和呐喊声，就下令说："江上雾很大，敌人忽然来攻，我们看不清虚实，不要轻易出动。只叫弓弩手朝他们射箭，不让他们近前。"他派人去旱寨调来六千名弓弩手，到江边支援水军。一万多名弓弩手一齐朝江中放箭，箭好像下雨一样。诸葛亮又下令把船掉过来，船头朝东，船尾朝西，仍旧擂鼓呐喊，逼近曹军水寨去受箭。

天渐渐亮了，雾还没有散。这时候，船两边的草把子上都插满了箭。诸葛亮吩咐军士齐声高喊"谢谢曹丞相的箭！"接着叫二十条船驶回南岸。曹操知道上了当，可是这边的船顺风顺水，已经驶出二十多里，要追出也来不及了。

【领悟写法】

缩写是把内容复杂、篇幅较长的文章压缩，而能保留其主要内容，使人一目了然。

缩写之前，要把文章多读几遍，读懂内容，抓住要点；再根据文章的主要内容，想清楚哪些内容必须保留，哪些内容可以删减，并考虑怎样连缀成文；对需要保留的内容，不要照搬原文，而要适当改写。缩写以后，再和原文比较一下，看看是否保留了主要内容，意思是否比较准确完整，语句是否通顺连贯。

【读写结合】

第三天四更，诸葛亮秘密地把鲁肃请到船中，让他一起去取箭。诸葛亮下令把船用绳索连起来，朝北岸开去。江上大雾漫天，诸葛亮下令船头朝西，船尾朝东，一字形排开。又让船上的士兵擂鼓呐喊。鲁肃怕曹军出来，心里不安，诸葛亮说只管饮酒取乐。

曹操听到鼓声，以为是敌人前来攻打，便下令让弓弩手朝他们射箭。一段时间后，诸葛亮又下令调转船头，仍然一字形排开，继续受箭。天亮了，雾还没有散。这时草靶子上都插满了箭。军士们一边齐声高喊"谢谢曹丞相的箭"，一边驶回南岸。船顺风顺水，行驶得飞快。曹操知道中计，追赶也无济于事。

【迁移运用】

仿上面的例文，缩写《金色的鱼钩》《小英雄雨来》或其他课文。

小学原生态作文教学系列丛书——悦读喜作

第13课　研究报告

学会利用信息，写好研究报告

【课文链接】

我们班有好几个同学姓李。他们常开玩笑说："我们五百年前是一家。"有一次听老师说，姓氏是一种文化，很值得研究。于是，我们几个姓李的同学对李姓的历史和现状做了一次调查。

【领悟写法】

我们每个人都会遇到一些想探究的问题，如果我们注意搜集信息，利用相关的信息进行分析研究，就有可能解决这些问题。我们可以参考几大步骤，撰写简单的研究报告，并和别人交流。

【读写结合】

1. 问题的提出。

2. 调查方法。

（1）查阅有关中华姓氏的书籍，阅读报刊，上网浏览，了解李姓的来源和李姓历史名人。

（2）走访有关部门，了解李姓人口和分布情况。

（3）通过多种途径，搜集李姓名人的故事。

3. 调查情况和资料整理。

4. 得出结论。

【迁移运用】

从现实生活中选择一个自己感兴趣的有社会价值的话题，通过阅读、上网、调查访问等途径获取资料，找出对解决问题特别有用的部分，逐渐形成自己的观点，撰写一篇调查报告。

第14课　小嘎子和胖墩儿比赛摔跤

聚焦动作描写，刻画人物形象

【课文链接】

　　俩人把"枪"和"鞭"放在门墩上，各自虎势儿一站，公鸡鹐架似的对起阵来。起初，小嘎子抖擞精神，欺负对手傻大黑粗，动转不灵，围着他猴儿似的蹦来蹦去，总想使巧招，下冷绊子，仿佛很占了上风。可是小胖墩儿也是个摔跤的惯手，塌着腰，合了裆，鼓着眼珠子，不露一点儿破绽。两个人走马灯似的转了三四圈，终于三抓两挠，揪在了一起。这一来，小嘎子可上了当：小胖墩儿膀大腰粗，一身牛劲儿，任你怎么推拉拽顶，硬是扳不动他。小嘎子已有些沉不住气，刚想用脚腕子去钩他的腿，不料反给他把脚别住了。胖墩儿趁势往旁侧里一推，咕咚一声，小嘎子摔了个仰面朝天。

【领悟写法】

　　这个片段主要写了小嘎子和胖墩儿比赛摔跤的情景，塑造了小嘎子和胖墩儿这两个鲜活的儿童形象。作者写人的方法主要是动作描写兼心理描写，尤其是对动作准确细致的描写，使小嘎子顽皮机敏、争强好胜、富有心计的个性跃然纸上，堪称人物描写的经典之作。

【读写结合】

　　在第一回合中，由于求胜心切，小嘎子被摔了个仰面朝天。胖墩儿转身伸手就拿木头枪，小嘎子怎么甘心输了比赛，被人把自己心爱的手枪拿走？伸手阻拦，说摔跤三局两胜，胖墩儿爽快地答应了："来就来！谁怕谁！"于是，摔跤比赛又开始了。两个人一闪身，三下两下脱了单褂儿，扔在一边，两人鼓着眼珠子，像两只凶猛的老虎，紧盯着对方。各自虎势儿一站，小嘎子心想："上次眼疾手快竟输了，这次我可得小心着点！"小嘎子向胖墩儿猛扑过来，两个人手抓着对方的肩膀，满脸凶光,像两头大水牛一样顶起来了。突然,胖墩儿头一缩,立刻又顶在了小嘎子的胸膛上,使小嘎子喘不过气来,终于,小嘎子和胖墩儿三抓两挠,扭在了一起,像两只山羊一样顶起"角"来。忽然,两人滚落在身旁的一个长满杂草的大土坑里,可两人扭作一团,爬出坑,又像走马灯似的转了几十圈。突然,小嘎子冷不防地咬了胖墩儿的肩膀一口,胖墩儿立刻松开小嘎子,嗷嗷地叫起来,小嘎子扬扬得意。这次比赛当然是小嘎子赢了。

【迁移运用】

　　小嘎子这么争强好胜,第一次失败后岂肯善罢甘休,他提出三局两胜。请你模仿课文的写法,写写他们的第二次摔跤吧!这次到底谁胜谁负呢?要善于抓住人物的动作,还可兼用语言、心理描写,写出小嘎子的人物特点。

　　"哈!手枪归我啦!"胖墩儿直朝门墩跑去。

　　"慢着!"小嘎子脑门上哄哄冒火,又羞又急,"咱们是三局两胜,怎么一回就归你啦?——还有两局呢!"

（空白方格稿纸）

第 15 课　临死前的严监生

补白人物心理，感悟人物形象

【课文链接】

　　大侄子走上前来问道："二叔，你莫不是还有两个亲人不曾见面？"他就把头摇了两三摇。二侄子走上前来问道："二叔，莫不是还有两笔银子在那里，不曾吩咐明白？"他把两眼睁得滴溜圆，把头又狠狠摇了几摇，越发指得紧了。奶妈抱着哥子插口道："老爷想是因两位舅爷不在眼前，故此记念。"他听了这话，把眼闭着摇头，那手只是指着不动。赵氏慌忙揩揩眼泪，走近上前道："爷，别人说的都不相干，只有我晓得你的意思！你是为那灯盏里点的是两茎灯草，不放心，恐费了油。我如今挑掉一茎就是了。"说罢，忙走去挑掉一茎。众人看严监生时，点一点头，把手垂下，登时就没了气。

【领悟写法】

在阅读写人文章的过程中,我们一般都重视对人物言行的理解与分析,希望能够把握人物的特点,以此来掌握写人文章的阅读方法。但是人物的特点最集中的地方还是心理,可以说领会文本中人物的心理,才能走进人物内心,真正感悟到人物的性格特点。因此,要真正感受严监生的吝啬,必须透过严监生的动作、神态,走进他的内心。面对大侄子、二侄子、奶妈一再的误解,体会此时严监生内心的急切,心急火燎,从失落、失望到绝望的心理过程。走进人物内心,补白人物心理,才能真正感悟到严监生吝啬鬼的人物形象。

【读写结合】

(奄奄一息)的严监生躺在病床上,大侄子走上前来问道:"二叔,你莫不是还有两个亲人不曾见面?"他就把头摇了两三摇,焦急地想(大侄子,你怎么这么蠢啊,我平日节俭,我想的是两茎灯草,浪费钱财呀!……)

【迁移运用】

了解了严监生临死前内心的牵挂,现在请你为严监生代言,细致地刻画出严监生当时的心理活动,写写他当时是怎么想的。

二侄子走上前来问道:"二叔,莫不是还有两笔银子在那里,不曾吩咐明白?"他把两眼睁得滴溜圆,把头又狠狠摇了几摇,越发指得紧了。他极其失望,心想:

奶妈抱着哥子插口道:"老爷想是因两位舅爷不在跟前,故此记念。"他听了这话,把眼闭着摇头,那手只是指着不动。他几乎绝望了:

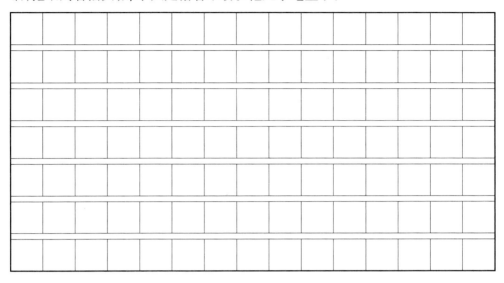

第16课 自己的花是让别人看

展开丰富想象,续写故事情节

【课文链接】

走过任何一条街,抬头向上看,家家户户的窗子前都是花团锦簇、姹(chà)紫嫣(yān)红。许多窗子连接在一起,汇成了一个花的海洋,让我们看的人如入山阴道上,应接不暇。

......

今天我又到了德国,刚一下火车,迎接我们的主人问我:"你离开德国这样久,有什么变化没有?"我说:"变化是有的,但是美丽并没有改变。"我说"美丽"指的东西很多,其中也包含着美丽的花。我走在街上,抬头一看,又是家家户户的窗口上都开满了鲜花。多么奇丽的景色!多么奇特的民族!我仿佛又回到了四五十年前,我做了一个花的梦,做了一个思乡的梦。

【领悟写法】

故地重游,季羡林先生"仿佛又回到了四五十年前,做了一个花的梦,做了一个思乡的梦"。文章的结尾留给读者无限的想象空间。"自在飞花轻似梦,无边丝雨细如愁",这梦,源自故土的"山阴道上"的呀!

【读写结合】

再次来到德国,我感慨万千。晚上,我做了一个梦。梦中,这里的风景还是那么的美,一簇簇花的身影在人的心中不停摇曳,使人久久不能忘怀。每一处都是如此,似乎整条街都是一个风景区。来往的路人见此,无不脸上布满笑容,心里有说不出的喜悦。路人如此,房子的主人更是如此。看着路人欣赏自己的花,心里总是有一股自豪感油然而生。"赠人玫瑰,手有余香"所表达的不正是这种境界吗?

我陶醉在这片花的海洋中,一阵风吹来,我随着花朵们起舞,渐渐地,我也成为它们中的一员。我扎根于泥土之中,用力地汲取大地的营养,享受太阳的温暖。有一股悠然自得的感觉直上心头,令我无比舒适,仿佛过着与世无争、身处世外桃源的生活。我在花丛中,看着一只只蝴蝶在空中划着一条条美丽的弧线;看着一排排小蚂蚁在地上辛勤地工作;看着鸟儿在树上放声歌唱。那一刻,我很满足。我多么想无限地延长这一刻。看着这花儿、云朵、鸟儿和眼前所有的一切……

花一般的梦真甜!

【迁移运用】

请你以季羡林先生的口吻续写《美丽的梦》。

再次来到德国,我感慨万千。晚上,我做了一个梦。

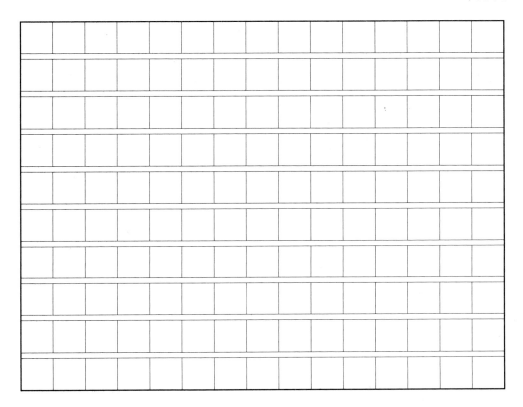

第17课　威尼斯小艇

抓住事物特点,仿写身边景物

【课文链接】

　　威尼斯是世界闻名的水上城市,河道纵横交叉,小艇成了主要的交通工具,等于大街上的汽车。

　　威尼斯的小艇有二三十英尺长,又窄又深,有点像独木舟。船头和船艄向上翘起,像挂在天边的新月,行动轻快灵活,仿佛田沟里的水蛇。

　　我们坐在船舱里,皮垫子软软的像沙发一般。小艇穿过一座座形式不同的石桥。我们打开窗帘,望望耸立在两岸的古建筑,跟来往的船只打招呼,有说不完的情趣。

船夫的驾驶技术特别好。行船的速度极快，来往船只很多，他操纵自如，毫不手忙脚乱。不管怎么拥挤，他总能左拐右拐地挤过去。遇到极窄的地方，他总能平稳地穿过，而且速度非常快，还能作急转弯。两边的建筑飞一般地往后倒退，我们的眼睛忙极了，不知看哪一处好。

商人夹了大包的货物，匆匆地走下小艇，沿河做生意。青年妇女在小艇里高声谈笑。许多孩子由保姆伴着，坐着小艇到郊外去呼吸新鲜的空气。庄严的老人带了全家，夹着《圣经》，坐着小艇上教堂去做祷告。

半夜，戏院散场了，一大群人拥出来，走上了各自雇定的小艇。簇拥在一起的小艇一会儿就散开了，消失在弯曲的河道中，传来一片哗笑和告别的声音。水面上渐渐沉寂，只见月亮的影子在水中摇晃。高大的石头建筑耸立在河边，古老的桥梁横在水上，大大小小的船都停泊在码头上。静寂笼罩着这座水上城市，古老的威尼斯又沉沉地入睡了。

【领悟写法】

作者紧扣小艇，介绍了无论是白天还是夜晚，人们的生活都与小艇息息相关。这样，抓住特点把人们的活动同景物、风情结合起来，景、物、人相互联系，使文章充满了生气。

作者之所以能把威尼斯小艇及与小艇有关的事物写得具体生动，是同仔细观察分不开的。文章融进了作者多次观察的体验和感受，因而能写得如此生动、形象、具体。所以我们也要对自己所要描写的景物进行多次的、细致的观察。

【读写结合】

这里道路街巷纵横交叉，电动车成了家乡主要的交通工具，等于大街上的汽车。

家乡的电动车是在摩托的基础上发展而来的，比摩托车小，比自行车大，充电不烧汽油，节能环保。有爱玛、森地、小刀、华生、小鸟……好多的牌子，穿着红色、黄色、蓝色、黑色等五颜六色的外衣。奔跑在大街小巷行动轻快灵活，像一股彩色的河流奔腾向前，是家乡一道亮丽的风景线。

妈妈每天都是骑着黄色的爱玛牌电动车送我上学。妈妈骑着电动车，我坐在软软的后座上像沙发一般，享受着灿烂的阳光和清新的空气，很是舒服。骑着电动车很接地气，可以和老师、同学打招呼，看路边的风景，有说不完的情趣。

妈妈骑电动车的技术特别好，速度极快，来往电动车很多，她操纵自如，毫不手忙脚乱。不管怎么拥挤，她总能左拐右拐地挤过去。遇到极窄的地方，她总能平稳地穿过，而且速度非常快，还能作急转弯。路边的风景飞一般地往后倒退，堵在路上的汽车只能望洋兴叹，真是羡慕嫉妒恨哦。

看！放学了，一大群学生从学校拥出来，走上了各自爸爸妈妈来接的电动车。簇拥在一起的电动车一会儿就散开了，消失在街巷中，传来一片哗笑和告别的声音。学校门口渐渐沉寂，喧闹了一天的学校操场显得更加宽广。同学们都回到了各自温馨的小家，这时忙碌了一天的电动车都躺在车棚里补充能量。静寂笼罩着这座文明之城，家乡又沉沉地入睡了。

——《电动车》

【迁移运用】

仿《威尼斯小艇》的表达方法，写写自己家乡的景物，要写出特点来。

小学原生态作文教学系列丛书——悦读喜作

六年级（上）

第1课　山中访友

模仿创新写话，转换形成小诗

【课文链接】

这山中的一切，哪个不是我的朋友？我热切地跟他们打招呼：你好，清凉的山泉！你捧出一面明镜，是要我重新梳妆吗？你好，汩（gǔ）汩的溪流！你吟诵着一首首小诗，是邀我与你唱和吗？你好，飞流的瀑布！你天生的金嗓子，雄浑的男高音多么有气势。你好，陡峭的悬崖！深深的峡谷衬托着你挺拔的身躯，你高高的额头上仿佛刻满了智慧。你好，悠悠的白云！你洁白的身影，让天空充满宁静，变得更加湛蓝。喂，淘气的云雀，叽叽喳喳地在谈些什么呢？我猜你们津津乐道的，是飞行中看到的好风景。

【领悟写法】

这段话写出了作者迫不及待地要和山里的朋友打招呼的心情，那种亲切、那种自然、那种亲密流露在字里行间，这些文字仿佛就是一首诗。这一组句子内容一致，结构相似，是一组排比句。同时，运用拟人手法，把"我"和山中朋友之间的那种深厚情谊淋漓尽致地表达了出来。采用第二人称，读来倍感亲切、热情。

【读写结合】

这花园中的一切，哪个不是我的朋友？我热切地跟他们打招呼：你好，美丽的花朵，你左右摇摆，是要给我跳一段优美的舞蹈吗？你好，顽强的小草，你穿着一身绿衣服，是要和我比谁的衣服更漂亮吗？你好，可爱的蜗牛，你背着小房子慢悠悠地爬动，是在观赏风景吧！你好，高大的柳树，你长发飘飘，多么像一位漂亮的小姑娘。喂！勤劳的小蜜蜂，你们嗡嗡地在讨论什么呢？我猜你们津津乐道的，是又找到了一个采蜜的好地方。

【迁移运用】

　　根据课文仿写。山里除了有山泉、溪流、瀑布、悬崖、白云、云雀这些朋友外，还有好多朋友呢，你们想热切地跟谁打招呼呢？

第 2 课　草虫的村落

充分发挥想象，表达创意无限

【课文链接】

今天，我又躺在田野里，在无限的静谧中，忘了世界，也忘了自己。

我目光追随着爬行的小虫，做了一次奇异的游历。

空间在我眼前扩大了，细密的草茎组成了茂盛的森林……

它们的村子散布在森林边缘的小丘上……

我看得出草虫的村落里哪是街道，哪是小巷。大街小巷里，花色斑斓的小圆虫，披着俏丽的彩衣。在这些粗壮的黑甲虫中间，它们好像南国的少女，逗得多少虫子驻足痴望。蜥蜴面前围拢了一群黑甲虫，对这庞然大物投以好奇的目光。它们友好地交流着，好像攀谈得很投机似的。看呵！蜥蜴好像忘记了旅途的劳倦，它背着几个小黑甲虫，到处参观远房亲戚的住宅。

【领悟写法】

本文作者充分发挥丰富的想象，将一个草虫的世界生动地展现在大家面前，如把"花色斑斓的小圆虫"想象成"南国的少女"，把蜥蜴想象成旅行者……这些丰富的想象，赋予小虫勇敢、勤劳和智慧的特质，从而使一只只美丽的小虫深深地印在读者心中。

【读写结合】

我在我家门前的柳树下发现了一群蚂蚁，便蹲下来数了数，竟有三十多只。乍一看，它们都长得一个样儿，但仔细一看，我才发现它们的颜色和大小还是有区别的。它们这是要搬家呢，还是要出去旅行？我好奇地顺着它们行进的方向看去。噢！它们是去搬好吃的——远处有一块夹心面包。只见蚂蚁们秩序井然、浩浩荡荡地包围了这块面包，但我不相信它们真能抬得动，因为这一小块面包对于这群蚂蚁来说,简直是一座小山包! 有十几只蚂蚁钻到了面包下面,面包安然不动;又钻进去几只,面包好像动了一下;剩下的蚂蚁围着面包转了一圈,纷纷找准位置也钻了进去。不一会儿,面包块竟然被它们抬了起来! 这时只看到面包块好像长了脚,晃晃悠悠地向前移动着。

【迁移运用】

仿文中的想象,写一种你感兴趣的动物。

第3课　詹天佑

结尾延伸写话，倾诉满腔情怀

【课文链接】

这条铁路不满四年就全线竣工了，比原来的计划提早两年。这件事给了藐视中国的帝国主义者一个有力的回击。今天，我们乘火车去八达岭，过青龙桥车站，可以看到一座铜像，就是詹天佑。许多到中国来游览的外宾，看到詹天佑留下的伟大工程，都赞叹不已。

【领悟写法】

京张铁路提前两年全线竣工，用铁一样的事实证明了中国人的聪明才智，长了中国人民的志气，灭了帝国主义的威风，再一次说明詹天佑是杰出爱国的工程师。与首句呼应，文章以"许多到中国来游览的外宾，看到詹天佑留下的伟大工程，都赞叹不已"结尾，给读者留下一个更大的想象空间，余音未了。

【读写结合】

此后的几年里，詹天佑一直为祖国的铁路事业，四处奔走，呕心沥血。在极度紧张的工作中，他病倒了，而且病势逐渐加重。他拖着重病之身，登上长城，面对着曾经战斗过的地方，想起祖国的坎坷命运，壮志未酬的詹天佑深情地说："生命有长短，命运有沉升。粤汉路没有修通，南北大干线无法建成，初建全国铁路网的梦想破灭，是我人生中的一大憾事。所幸的是，我的生命早已化成匍匐在华夏大地上的一段铁轨，也算是我坎坷人生中的莫大幸事了……"1919年4月24日，詹天佑病逝，享年五十九岁。

【迁移运用】

根据下面的开头，展开丰富的联想，可适当借助于课文中的词句来表达你的情感，接着写下去。

站在詹天佑的铜像前，我浮想联翩……

第4课　怀念母亲

运用联想方法，巧妙抒发情感

【课文链接】

我一生有两个母亲，一个是生我的那个母亲，一个是我的祖国母亲。我对这两个母亲怀着同样崇高的敬意和同样真挚的爱慕。

我六岁离开我的生母，到城里去住。中间曾回故乡两次，都是奔丧，只在母亲身边待了几天，仍然回到城里。在我读大学二年级的时候，母亲弃养，只活了四十多岁。我痛哭了几天，食不下咽，寝不安席。我真想随母亲于地下。我的愿望没能实现。从此我就成了没有母亲的孤儿。一个缺少母爱的孩子，是灵魂不全的人。我怀着不全的灵魂，抱终天之恨。一想到母亲，就泪流不止，数十年如一日。

【领悟写法】

　　季羡林先生的这篇《怀念母亲》以回忆的形式,介绍了作者对两位母亲同样崇高的敬意和同样真挚的爱慕,充分表达了作者对亲生母亲永久的悔恨,对祖国母亲不变的爱意。作者第二段回忆母亲并表达"终天之恨"的叙述特别感人,联系季羡林先生《朗润思语——故乡·亲人》中的一段话,更让读者心痛,也联想到自己的生活。"树欲静而风不止,子欲养而亲不待。"请同学们理解这句话,看看这句话激起你们心中的波澜没有。

【读写结合】

　　父亲去世成了我心中永远的痛,每次去祭奠父亲,我都在想父亲就在我身边。我体会到了生死离别撕心裂肺的人生滋味,如果有天堂,我相信父亲在天堂的某个角落,微笑地看着我,父亲您永远活在我心中。

　　父亲闲暇时总是会和我玩一些小游戏,比如下跳棋、打扑克等。那时的我总觉得自己是世界上最快乐的。有时,父亲还会变着花样给我做好吃的。这些都已成了我的回忆,不会变为现实了。我再也看不到父亲的身影和慈祥的笑容了。

　　父亲去世这三个多月,我时刻都在想念,在这段日子里只要看到像父亲的身影,我的心里就很痛,我就想起我的父亲,我多么希望有灵魂存在,来拉近我和父亲的距离呀!

【迁移运用】

　　运用回忆的方式写写母亲对自己的关爱,要求真情实感。

（此处为空白方格作文纸）

第5课　穷人

展开丰富想象，寄托美好愿望

【课文链接】

　　渔夫皱起眉，他的脸变得严肃，忧虑。"嗯，是个问题！"他搔搔后脑勺说，"嗯，你看怎么办？得把他们抱来，同死人待在一起怎么行！哦，我们，我们总能熬过去的！快去！别等他们醒来。"

　　但桑娜坐着一动不动。

　　"你怎么啦？不愿意吗？你怎么啦，桑娜？"

　　"你瞧，他们在这里啦。"桑娜拉开了帐子……

【领悟写法】

　　俄国大作家列夫·托尔斯泰的《穷人》主要描写了渔夫和他的妻子桑娜，不顾自己家境贫困，毅然收养了已故邻居两个孤儿的事情，反映沙俄时代渔民的悲惨生活和穷人宁可自己吃苦，也要互相帮助的高尚品质。

【读写结合】

两个可爱的小孩子躺在床上香甜地睡着了,早上起来后,一缕阳光照进房子里,渔夫已经出去打鱼了,那两个孩子正瞪着圆溜溜的眼睛左瞧瞧,右看看,时不时还发出咯咯的笑声……

【迁移运用】

结合课文内容,展开想象,续写《穷人》,适当运用环境及人物的语言、动作、心理、神态描写。

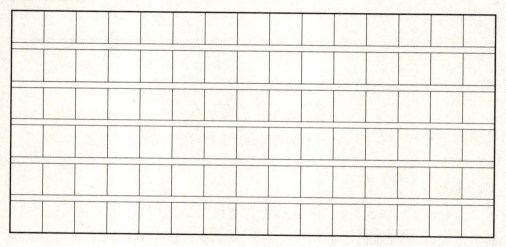

第6课　别饿坏了那匹马

借助善意谎言,展现美好心灵

【课文链接】

他先是一愣,继而眼睛一亮,对我笑道:"过来,让我看看你的马草。"他认真地看过马草后,冲里面屋叫道:"碧云,你出来一下!"

闻声走出一个十七八岁的姑娘,可能是他的妹妹吧。

"碧云,老爸不是有一匹马吗?收下这孩子的马草。"他盯着姑娘茫然的眼睛,以哥哥的口吻命令道,"听见没有?快把马草提进去!"……

【领悟写法】

本文主要写酷爱读书的"我"在失去看书机会时，摆书摊的残疾青年谎称家中有马，买下"我"的马草，让"我"继续看书的故事。赞扬了残疾青年不计一己得失，想方设法让"我"读书的良苦用心，表达了"我"得知真相后的感激之情。通过人物的言行、神态和心理描写来展现人物的美好心灵。守书摊的残疾青年说自己家需要马草，这显然不是真话。有人说说假话就是撒谎，人要讲诚信，不能撒谎；有人则认为，生活中需要"善意的谎言"。

【读写结合】

在生活中，在一些特殊的情况下，也需要"善意的谎言"。记得有一次……

从我记事起，妈妈就告诉我要做一个诚实的孩子，不能撒谎。然而，我发现，妈妈对外婆撒了谎……

小时候，妈妈有一天生病了，躺在床上，盖着被子脸色苍白，嘴唇干裂，一副很累的样子。突然，电话响了，妈妈问我是谁打来的，我说是外婆打来的。妈妈一愣，用手竭力把自己撑起来，然后还说了些话（试试声音，怕声音"说出"自己有病），就让我拿电话给她："喂？妈！"

"哎！你病了是吧？怎么样啦？好点了吗？还不舒服吗？"

妈妈笑着说："您听谁说的？我没事，您不用担心！"

"那就好，那就好！"听外婆说完，我好想冲上去说一句妈妈病了。这时，妈妈似乎明白了我的心意，正当我要冲上去时，妈妈轻轻捂住我的嘴，不让我说。

等妈妈挂了电话，我大叫起来："妈妈，您怎么能撒谎呢？您不是说不能撒谎吗？"

"嗨，有些谎是必须撒的，免得伤及别人的自尊心啊！你懂吗？嗯？"

从那以后，我经常"撒谎"，因此别人更喜欢跟我玩。

【迁移运用】

运用简朴的语言，通过人物的言行、神态和心理描写来展现人物的美好心灵，写一写生活中的老师、爸爸妈妈或同学之间有关善意的谎言的事情，体会到人世间的真善美，并学习作者的表达方法。

第 7 课　唯一的听众

展开丰富想象,情节出人意料

【课文链接】

　　我一直珍藏着这个秘密,终于有一天,我拉的一曲《月光》奏鸣曲让专修音乐的妹妹大吃一惊。妹妹逼问我得到了哪位名师的指点,我告诉她:"是一位老太太,就住在十二号楼,非常瘦,满头白发,不过——她是一个聋子。"

　　"聋子!"妹妹先是一愣,随即惊叫起来,仿佛我在讲述天方夜谭,"聋子?多么荒唐!她是音乐学院最有声望的教授,曾经是乐团的首席小提琴手!你竟说她是聋子!"

　　我一直珍藏着这个秘密,珍藏着一位老人美好的心灵。每天清晨,我还是早早地来到林子里,面对着这位老人,这位耳"聋"的音乐家,我唯一的听众,轻轻调好弦,然后静静地拉起一支优美的曲子。我渐渐感觉我奏出了真正的音乐,那些美妙的音符从琴弦上缓缓流淌着,充满了整个林子,充满了整个心灵。我们没有交谈过什么,只是在一个个美丽的清晨,一个人默默地拉,一个人静静地听。老人靠在木椅上,微笑着,手指悄悄打着节奏。她慈祥的眼睛平静地望着我,像深深的潭水……

后来,拉小提琴成了我无法割舍的爱好,我能熟练地拉出许多曲子。在各种文艺晚会上,我有机会面对成百上千的观众演奏小提琴曲。每当拿起小提琴,我眼前就浮现出那位耳"聋"的老人,每天清晨里我唯一的听众……

【领悟写法】

《唯一的听众》通过讲述"我"—— 一位"音乐白痴"在素不相识的老教授真诚、无私的帮助下,获得成功的故事,赞颂了老教授美好的心灵,同时也告诉读者,无论做什么事,条件有多差,但只要有信心、有毅力,刻苦努力,就一定能获得成功。

【读写结合】

一个小女孩因为长得又矮又瘦而被老师排除在合唱团之外。

小女孩躲在公园里伤心地流泪。她想:"我为什么不能去唱歌呢?难道我真的唱得很难听吗?"想着想着,小女孩就低声唱了起来,她唱了一支又一支,直到唱累了为止。"唱得真好!"一个声音响了起来,"谢谢你,小姑娘,你让我度过了一个愉快的下午。"这时小姑娘惊呆了!说话的老人说完就走了。

小女孩第二天下午再去时,那老人还坐在原来的位置上,满脸慈祥地看着她微笑。小女孩又唱起来,老人聚精会神地听着,一副陶醉其中的表情。最后他大声喝彩,说:"谢谢你,小姑娘,你唱得太棒了!"说完又走了。这样过去了许多年后,小女孩成了大女孩,而且成了有名的歌星。但她忘不了公园里那个慈祥的老人。一个冬日的下午,她特意去公园找老人……

【迁移运用】

大胆想象,学习例文的写法,给文章加个出人意料的结局。

第9课　用心灵去倾听

充分运用想象，感知内心不舍

【课文链接】

我对她讲了这些年来我的情况，并告诉她，她为儿时的我所做的一切有多么重要。

苏珊对我说，她也要感谢我。她说她没有孩子，我的电话使她感受到了做母亲的幸福。

通话中，我对苏珊说，我会再来这里，那时我会多待几天，我想见她。

过了一段时间，我终于又回到了故乡小镇。

"请找苏珊。"拿起电话，我立即拨通了"问讯处"，"告诉她我是汤米。"

"对不起，先生。"那个女人说，"苏珊两周前去世了。最近她身体很不好，一直只上半天班，直到最后一天……我们都非常想念她。哦，等等，您说您是汤米？"

"是的，小姐，我是汤米。"

"苏珊给你留了一张纸条，稍等一下……她说你会明白的。"

随后，她给我读了纸条上的留言：汤米，我要到另一个世界去歌唱。

【领悟写法】

课文真实地记录了"我"与问讯处工作人员苏珊交往的过程，赞美了苏珊用心灵倾听孩子的心声、用爱心帮助孩子的善良品质，表达了"我"对苏珊的深切怀念之情。

【读写结合】

她给我读了纸条上的留言：汤米，我要到另一个世界去歌唱。

苏珊一定是不想让我为她而伤心……

小学原生态作文教学系列丛书——悦读喜作

【迁移运用】

　　苏珊临走时,给我留下了一张纸条,纸条上写着:汤米,我要到另一个世界去唱歌。如果你是汤米,看到纸条后会想些什么? 展开想象,写出你失去苏珊后的不舍与伤心。

第9课 只有一个地球

运用说明方法，学会介绍环境

【课文链接】

科学家已经证明，至少在以地球为中心的40万亿公里的范围内，没有适合人类居住的第二个星球。人类不能指望在破坏了地球以后再移居到别的星球上去。

不错，科学家们提出了许多设想，例如，在火星或者月球上建造移民基地。但是，即使这些设想能实现，也是遥远的事情。再说，又有多少人能够去居住呢？

【领悟写法】

《只有一个地球》是一篇说明文。本文先从宇航员在太空遥望地球所看到的景象写起，引出了对地球的介绍，接着从地球"美丽又渺小""资源有限""目前人类无法移居"三个方面介绍了地球的相关知识，说明了只有一个地球的事实。短文运用了列数字、做比较、举例子的说明方法，说明中国缺水的严重，呼吁人们保护地球的水资源。

【读写结合】

地球上，水资源本来是可以不断再生，长期给人类做贡献的，但是因为人类的随意破坏，能使用的水资源越来越少……

地球的环境已经日益恶化！……

【迁移运用】

运用列数字、举例子等说明方法，说明破坏环境是有害的，呼吁人们要保护环境。

（此处为空白方格稿纸）

第10课　鹿和狼

通过举例论证，引起阅读兴趣

【课文链接】

20世纪初叶，美国亚里桑那州北部的凯巴伯森林还是松杉葱郁，生机勃勃。大约有四千只左右的鹿在林间出没，凶恶残忍的狼是鹿的大敌。

美国总统西奥多·罗斯福很想让凯巴伯森林里的鹿得到有效的保护，繁殖得更多一些。他宣布凯巴伯森林为全国狩猎保护区，并决定由政府雇请猎人到那里去消灭狼。枪声在森林中震荡。在猎人冰冷的枪口下，狼接连发出惨叫，一命呜呼。

【领悟写法】

本文恰当地运用了通过分析概括具体事例说明道理的写作方法，使内容具体、生动，同时又富有知识性，从而引起读者的阅读兴趣。这种写法叫举例论证。

【读写结合】

一个人拥有了一个良好的习惯，会使生活变得丰富多彩，会使一个人终身受益。我就有一个使我受益的好习惯——早上听读英语。

记得三年级的时候……

【迁移运用】

联系自己的实际，运用举例论证的方法，说明好习惯让自己受用终身或勤奋使人进步的道理。要求语言简练，叙述清楚。

（作文格稿纸）

第11课 这片土地是神圣的

现实过去比照，叙述描写辉映

【课文链接】

每一处沙滩，每一片耕地，每一座山脉，每一条河流，每一根闪闪发光的松针，每一只嗡嗡鸣叫的昆虫，还有那浓密丛林中的薄雾，蓝天上的白云，在我们这个民族的记忆和体验中，都是圣洁的。

【领悟写法】

文章生动形象地描述了人类与河水、空气、动植物等的血肉关系，强烈地表达了印第安人对土地无比眷恋的真挚情感。

本文语言优美，内涵丰富，情感充沛。字里行间处处充满着对这片土地的珍惜和热爱，表达出对土地无比眷恋的感情，读来荡气回肠，发人深思。

【读写结合】

对于我来说，我们校园的每一部分都是可爱的。

每一张桌子，每一把椅子……

走进校园，每一棵大树……

【迁移运用】

运用过去与现在对比、叙述与描写相互辉映的方法，写写家乡或学校的变化。

第12课　少年闰土

聚焦外貌描写，如见其人形象

【课文链接】

深蓝的天空中挂着一轮金黄的圆月，下面是海边的沙地，都种着一望无际的碧绿的西瓜。其间有一个十一二岁的少年，项带银圈，手捏一柄钢叉，向一匹猹尽力地刺去。那猹却将身一扭，反从他的胯下逃走了。

……

我于是日日盼望新年，新年到，闰土也就到了。好容易到了年末，有一日，母亲告诉我，闰土来了，我便飞跑地去看。他正在厨房里，紫色的圆脸，头戴一顶小毡帽，颈上套一个明晃晃的银项圈，这可见他的父亲十分爱他，怕他死去，所以在神佛面前许下愿心，用圈子将他套住了。他见人很怕羞，只是不怕我，没有旁人的时候，便和我说话，于是不到半日，我们便熟识了。

【领悟写法】

鲁迅先生紧紧抓住少年闰土身上最具代表性的外貌特点来表现其人物形象。"戴小毡帽"表现出闰土是一个住在江南一带农村的孩子，"紫色的圆脸"表现出闰土是一个经常被太阳晒、海风吹的孩子，也说明他经常劳动，是一个能干的人。这些外貌描写可以使读者对少年闰土的形象、身份有一个鲜明准确的认识和概括，从而看出他是一个十分健康、可爱的农村孩子。外貌描写能让读者准确地认识人物。

【读写结合】

她一脸慈爱沧桑，年轻时乌黑的头发已如严冬初雪落地，像秋日的第一道霜。根根银发，半遮半掩，若隐若现。脸上条条皱纹，好像一波三折的往事。这是一位慈祥的老人，头发梳得十分认真，没有一丝凌乱，可那一根根银丝般的白发还是在黑发中清晰可见。微微下陷的眼窝里，一双深褐色的双眸，悄悄地诉说着岁月的沧桑。

【迁移运用】

　　根据课文中的写作方法,以老师为模特,把老师的外貌写出来。要求抓住特点进行描写,让没有见过老师的人,也能通过你的描写准确地描绘出老师的形象。

第13课　我的伯父鲁迅先生

倒叙开头方法,悬念引人入胜

【课文链接】

　　伯父鲁迅先生在世的时候,我年纪还小,根本不知道鲁迅是谁,以为伯父就是伯父,跟任何人的伯父一样。伯父去世了,他的遗体躺在万国殡仪馆的礼堂里,许多人都来追悼他,向他致敬,有的甚至失声痛哭。数不清的挽联挂满了墙壁,大大小小的花圈堆满了整间屋子。送挽联送花圈的有工人,有学生,各色各样的人都

294

有。那时候我有点惊异了，为什么伯父得到这么多人的爱戴？我呆呆地望着来来往往吊唁的人，想到我就要永远见不到伯父的面了，听不到他的声音了，也得不到他的爱抚了，泪珠就一滴一滴地掉下来。

就在伯父去世那一年的正月里，有一天，是星期六的下午，爸爸妈妈带我到伯父家里去。那时候每到周末，我们姐妹三个轮流跟随着爸爸妈妈到伯父家去团聚。这一天在晚餐桌上，伯父跟我谈起《水浒传》里的故事和人物。不知道伯父怎么会知道我读了《水浒传》，大概是爸爸告诉他的吧。老实说，我读《水浒传》不过囫囵吞枣地看了一遍，只注意紧张动人的情节；那些好汉的个性，那些复杂的内容，全搞不清楚，有时候还把这个人做的事情安在那个人身上。伯父问我的时候，我就张冠李戴地乱说一气。伯父摸着胡子，笑了笑，说："哈哈！还是我的记性好。"听了伯父这句话，我又羞愧，又悔恨，比挨打挨骂还难受。从此，我读什么书都不再马马虎虎了。

【领悟写法】

本文先讲伯父鲁迅先生受人爱戴，后又回忆了与伯父有关的事情，从而点明他受人爱戴的原因，突出了鲁迅先生具有为别人想得多、为自己想得少，爱憎分明的崇高品质。采用倒叙的方法，能增强文章的生动性，制造悬念，更能引人入胜。

【读写结合】

上一周，我整个星期都郁郁寡欢，那次落选让我伤心欲绝（结果）。

事情发生在上周二。那次的晨会课，班主任提出了我近期最为关注的事情——班长的候选事宜（经过）。

【迁移运用】

运用倒叙的手法，写写爷爷奶奶或外公外婆的事情，也可以写写自己的小伙伴。

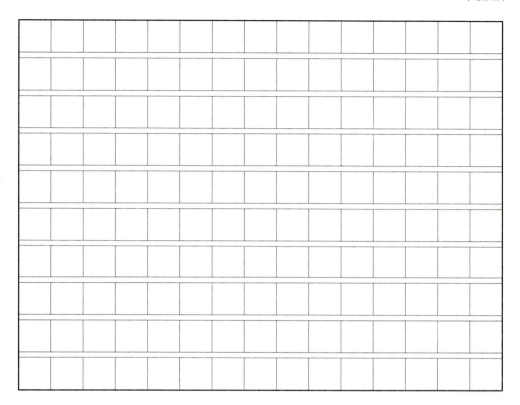

第14课　一面

抓住外貌特征,凸显人物性格

【课文链接】

模糊辨出坐在南首的是一个瘦瘦的、五十上下的中国人。

……

他的面孔黄里带白,瘦得教人担心,好像大病新愈的人,但是精神很好,没有一点颓唐的样子。头发约莫一寸长,显然好久没剪了,却一根一根精神抖擞地直竖着。胡须很打眼,好像浓墨写的隶体"一"字。

……

我很惊异地望着他:黄里带白的脸,瘦得教人担心;头上直竖着寸把长的头发;牙黄羽纱的长衫;隶体"一"字似的胡须;左手里捏着一枝黄色烟嘴,安烟的一头已经熏黑了。

……

那种正直而慈祥的目光。

……

他用竹枝似的手指递给我,小袖管紧包在腕子上。

……

我又仔细地看他的脸——瘦!我们这位战士的健康,差不多已完全给没有休息的艰苦工作毁坏了。

……

放到他的手里——他的手多瘦啊!

【领悟写法】

瘦、头发、胡须、烟嘴,这些都是鲁迅的"标配"。作者紧扣这些特点进行描写,反复强调鲁迅的瘦,从远到近,由粗到细,既表现出鲁迅不顾自己身体健康投身革命事业无私奉献的精神,又塑造出了鲁迅坚强刚毅的战士形象。

【读写结合】

老太太已经六十多岁了。她长着花白的头发,浓浓的眉毛,高高的鼻梁。走近了看,她的脸上有一条条如同波浪般的皱纹,手上也有一些鱼鳞般的皱纹,但是她很爱干净,走到她身边就能闻到一股股淡淡的皂香。

【迁移运用】

尝试学习本文抓住特征描写外貌,并通过外貌描写表现人物品质的方法,写一个自己身边的人。

第15课 爸爸的鼾声

处处留心观察,诗意表达生活

【课文链接】

就像是山上的小火车

它使我想起

美丽的森林

爸爸的鼾声

总是断断续续的

使我担心火车会出了轨

咦

爸爸的鼾声停了

是不是火车到站了

【领悟写法】

小诗人把爸爸的鼾声形象地比喻成山上开动的小火车。鼾声断断续续,他担心火车出了轨。鼾声停了,他猜想是火车到站了。没有细致入微的观察,没有大胆的想象,鼾声又怎么会引出一首诗来呢?生活中处处有诗歌,只要我们有一颗童心和一双善于发现的眼睛,能够大胆地想象,就可以写出有趣的童诗。

【读写结合】

就像是家中的水龙头

它使我想起

连连不断的流水声

航哲的眼泪

总是源源不绝

使我担心水会漫出来

咦

航哲的眼泪停了

是不是有人关了水龙头

开始节约用水了呢

——杨尉钲《航哲的眼泪》

【迁移运用】

留心生活中的小细节，仔细观察，大胆想象，以《妹妹的哭声》为题，用上以下的词语，仿写一首小诗，要写出自己独特的想法。

就像是淅沥的雨声　　它使我想起　　迷蒙的雨景

妹妹的哭声　　哼哼不停　　使我担心家里会发大水

咦　　妹妹的哭声停了　　是不是雨过天晴了

第16课　致老鼠

创意想象写话,童言童真童趣

【课文链接】

我喜欢你们——

一双机灵的眼睛,粉红的耳朵。

虽然爱做坏事,可我还是喜欢你们。

如果我到了你们的王国,

一定要你们洗脸、洗手、洗澡、刷牙。

还要教会你们自己劳动,

做事不要偷偷摸摸。

我还要给你们介绍个朋友——

它的名字叫猫。

【领悟写法】

老鼠在人们心中的印象一直不好,爱做坏事。可是小诗人有自己独特的想法,他喜欢老鼠的机灵可爱,把它们当作是有缺点的朋友,没有歧视它们,并且天真地希望它们能改正缺点,学会爱清洁、爱劳动,光明正大地做事。还诙谐风趣地要给老鼠介绍个朋友——猫。让人读了忍俊不禁,为充满创造力与想象力的童心鼓掌的同时也被孩子的天真烂漫、善良真诚所感动。质朴的语言,有创意的想象,富有童真童趣,这是一首好诗。

【读写结合】

我喜欢你们,

一双黑溜溜的眼睛,锐利的爪子。

虽然脾气不好,可我还是喜欢你们。

如果我是你们的同伴，

一定要你们读书、识字、唱歌、画画。

还要教会你们明辨是非，

不冤枉好人。

我还要带你们去最好的学校——

警校。

——《致小狗》

【迁移运用】

　　充分发挥自己的想象力和创造力,以《致××》为题,仿写一首小诗,要写出自己独特的想法。

第17课　老人与海鸥

抽象语言转换，形象文字画面

【课文链接】

"你看你看！那个脚上有环的是老沙！"老人得意地指给我看，他忽然对着水面大喊了一声，"独脚！老沙！起来一下！"

水面上应声跃起两只海鸥，向老人飞来。一只海鸥脚上果然闪着金属的光，另一只飞过来在老人手上啄食。它只有一只脚，停落时不得不扇动翅膀保持平衡。看来它就是独脚，老人边给它喂食，边对它亲昵地说着话。

【领悟写法】

作者的笔触自然流畅，看似平实的描摹，却句句藏着情感，将抽象的语言转化成形象的画面，有助于读者体会文章要表达的情感。另外，作者通过一些细节描写，将人物形象塑造得更加真实生动，这样的写作方法也值得同学们细细揣摩品味。

【读写结合】

她又看见了一只蝴蝶，便调皮地奔过去。蝴蝶上下飞舞，她目不转睛盯着蝴蝶。终于蝴蝶停在了一朵花上，她弓着背，手中间隔着点空隙，脚尖小心翼翼踮着，汗珠从她的脸上滴落下来，她蹑手蹑脚地走到蝴蝶旁，猛地一弯腰，双手把花朵上的蝴蝶一捧，又小心地把双手露出点缝，把头靠在手缝上看，一不小心让蝴蝶飞出了双手。她又急又气噘着小嘴，双手往腰上一叉，但马上又像只小鹿似的蹦跳着追赶另一个目标去了。

【迁移运用】

写一个特定情境下的人物，就像一个特写镜头。抓住人物的特点，写他的神态、动作，也可以描写他的正面或侧面，也可以写背影。

第18课　跑进家来的松鼠

围绕有趣事例,描写动物特点

【课文链接】

有一天,我们到森林里采蘑菇,回到家时累极了,草草吃了饭就睡了。满满一篮子蘑菇就放在窗台上——那儿比较凉快,放一夜不会坏。

第二天早晨,我们惊奇地发现篮子空了。蘑菇都到哪儿去了?

爸爸忽然在书房里惊叫起来:"快来看!"我们跑过去,眼前的景象真是让人哭笑不得:墙上的那副鹿角上挂满了蘑菇,不仅鹿角上,搭手巾的架子上、镜子后面、油画上面,到处是蘑菇。原来松鼠起了个大早,忙活了一个早晨,把蘑菇全晾上了。它想晾干了留着给自己过冬。

秋天,当阳光还温暖地照耀着大地的时候,森林里的松鼠总是把蘑菇高高地挂在树枝上晾干。我们家的松鼠也这样做了。

过了些日子,天气真的冷了起来。松鼠尽量钻到暖和一些的地方躲起来。有一天,它干脆失踪了,哪儿也找不到。也许它跑到花园或森林里去了吧?我们心里空落落的。

天太冷,我们得生炉子了。我们关上通风口,放上柴,点着了火。忽然听到炉子里有什么东西沙沙直响。我们急忙把通风口打开,只见松鼠像粒子弹似的从里头蹿了出来,跳到了大柜顶上。

炉子里的烟直往屋子里冒,而烟囱口却不见一丝烟。这是怎么回事?哥哥用粗铁丝做了个大钩子,从通风口伸进烟囱里去。

结果,哥哥从烟囱里掏出一只手套,还有奶奶过节时才舍得戴的头巾。

原来,松鼠把这些东西叼到烟囱里给自己垫窝了。唉,它是从森林里来的,住在我们家里,还保留着老习惯。它天性这样,跟它说住在我们的房子里不会冷,是没有用的。

【领悟写法】

一只松鼠跑进我们家后，在我们家接二连三发生了一些趣事：松鼠千方百计地"贮存冬粮"，把糖、面包皮什么的叼到大柜顶上；我们采来的一篮子鲜蘑菇，松鼠忙活了一个早晨把它们全晾上了；天冷了，松鼠把手套、头巾等东西叼到烟囱里，给自己垫窝。

这篇文章，作者通过写松鼠在"我"家的几件有趣的事情来反映松鼠的可爱，表达对松鼠的喜爱之情。

【读写结合】

我家养了一群活泼可爱的小兔子。瞧，它们有的全身雪白，白得像一堆闪闪发亮的雪花；有的黑白相间，仿佛是一群调皮的小熊猫，可爱极了。那竖着的长耳朵，玻璃球似的小眼睛，惹人喜爱的三瓣嘴，银针般的胡须，都给我留下了美好的记忆。

兔子的弹跳力很好。它那前脚短、后脚长的身躯促使它走起路来总是蹦蹦跳跳的，多么引人注目。

长耳朵、短尾巴是兔子最值得骄傲的地方。喏，阳光下它正悠闲地欣赏着自己那对又大又长的耳朵，不经意间，却瞧到了自己那条又短又粗的尾巴呢！

【迁移运用】

细心观察小动物，写出小动物的特点及与其有关的趣事。

<table>
<tr><td></td><td></td><td></td><td></td><td></td><td></td><td></td><td></td><td></td><td></td><td></td></tr>
<tr><td></td><td></td><td></td><td></td><td></td><td></td><td></td><td></td><td></td><td></td><td></td></tr>
<tr><td></td><td></td><td></td><td></td><td></td><td></td><td></td><td></td><td></td><td></td><td></td></tr>
<tr><td></td><td></td><td></td><td></td><td></td><td></td><td></td><td></td><td></td><td></td><td></td></tr>
</table>

第19课　最后一头战象

抓住动作神态，写好细节描写

【课文链接】

　　西双版纳曾经有过威风凛凛的象兵。所谓象兵，就是骑着大象作战的士兵。士兵骑象杀敌，战象用长鼻劈敌，用象蹄踩敌，一大群战象，排山倒海般地扑向敌人，势不可当。

　　……

　　第二天早晨，嘎羧突然十分亢奋，两只眼睛烧得通红，见到波农丁，嗷嗷地轻吼着，象蹄急促地踏着地面，鼻尖指向堆放杂物的阁楼，像是想得到阁楼上的什么东西。

　　阁楼上有半箩谷种和两串玉米。我以为它精神好转想吃东西了，就把两串玉米扔下去。嘎羧用鼻尖钩住，像丢垃圾似的甩出象房，继续焦躁不安地仰头吼叫。破篾席里面有一件类似马鞍的东西，我漫不经心地一脚把它踢下楼去。没想到，嘎羧见了，一下子安静下来，用鼻子呼呼吹去上面的灰尘，鼻尖久久地在上面摩挲着，眼睛里泪光闪闪，像是见到久别重逢的老朋友。

　　"哦，原来它是要自己的象鞍啊。"波农丁恍然大悟，"这就是它当年披挂的鞍子，给它治伤时，我把象鞍从它身上解下来扔到小阁楼上了。唉，整整二十六年了，它还记得那么牢。"

　　象鞍上留着弹洞，似乎还有斑斑血迹，混合着一股皮革、硝烟、战尘和血液的奇特气味;象鞍的中央有一个莲花状的座垫,四周镶着一圈银铃,还缀着杏黄色的流苏。二十六个春秋过去,象鞍已经破旧了,仍显出凝重华贵;嘎羧披挂上象鞍,平添了一股英武豪迈的气概。

【领悟写法】

学习作者通过对战象动作、神态的细节描写,将战象的善良、忠诚表达具体细致。

【读写结合】

这么说来,这儿就是二十六年前抗日健儿和日寇浴血搏杀的战场!这时,嘎羧踩着哗哗流淌的江水,走到那块龟形礁石旁,鼻子在被太阳晒成铁锈色的粗糙的礁石上亲了又亲;许久,才昂起头来,向着天边那轮火红的朝阳,呒——呒——发出震耳欲聋的吼叫。它突然间像变了一头象,身体像吹了气似的膨胀起来,四条腿的皮肤紧绷绷地发亮,一双象眼炯炯有神,吼声激越悲壮,惊得江里的鱼儿扑喇喇跳出水面。

我想,此时此刻,它一定又看到了二十六年前惊天地泣鬼神的一幕:威武雄壮的战象们驮着抗日健儿,冒着枪林弹雨,排山倒海般地冲向侵略者;日寇鬼哭狼嚎,丢盔弃甲;英勇的战象和抗日将士也纷纷中弹倒在江里。

【迁移运用】

嘎羧告别村寨的场面、伫立江滩回想往事的情景,都十分感人。选择其中的一个场景,想象嘎羧内心的感受并写下来,注意运用细节描写。

<table>
<tr><td></td><td></td><td></td><td></td><td></td><td></td><td></td><td></td><td></td><td></td><td></td></tr>
<tr><td></td><td></td><td></td><td></td><td></td><td></td><td></td><td></td><td></td><td></td><td></td></tr>
<tr><td></td><td></td><td></td><td></td><td></td><td></td><td></td><td></td><td></td><td></td><td></td></tr>
<tr><td></td><td></td><td></td><td></td><td></td><td></td><td></td><td></td><td></td><td></td><td></td></tr>
<tr><td></td><td></td><td></td><td></td><td></td><td></td><td></td><td></td><td></td><td></td><td></td></tr>
<tr><td></td><td></td><td></td><td></td><td></td><td></td><td></td><td></td><td></td><td></td><td></td></tr>
</table>

第 20 课　金色的脚印

学用细腻笔触，写好生动故事

【课文连接】

老狐狸一直没有忘记救出小狐狸的事。渐渐地，木桩被啃得很细了。老狐狸用自己的力量，把小狐狸救来的时候，该是多么欢喜呀！正太郎一想到这些，泪水就不由得涌上眼眶。

一天，正太郎放学回家，经过仓房，往小狐狸的窝里探头一望，却连小狐狸的影子也没看到。他急忙去问妈妈，妈妈告诉他，小狐狸让安田先生带走了。正太郎急了，他说，必须把小狐狸还给它的父母。说完，就朝山那边安田先生的牧场跑去。

正太郎跑着跑着，一不小心踩到了悬崖边的积雪上，和雪块一起头朝下栽了下去，失去了知觉。不知过了多长时间，正太郎觉得脸蛋热乎乎的。他费力地睁开眼睛，蒙眬中看见一只大狐狸正在不停地舔着他的脸颊。另一只狐狸蹲在他的胸脯上，温暖着他的身体。

第二天，正太郎把小狐狸要了回来，和爸爸一起到山谷里把它放了。

小狐狸刚跑出十几米远，老狐狸不知从什么地方奔了过来，兴高采烈地在小狐狸周围跳来跳去，然后一齐嗖地朝树林深处跑去了。

迎着耀眼的朝阳，狐狸们的脚印闪着金色的光芒，一直延伸到密林深处。

【领悟写法】

叙事就是对故事的描述。对同学们来说，写好一件事特别重要。本文按事情发展的顺序写了一个人与动物之间的传奇故事，以生动细腻、充满感情的笔触娓娓道来，整个事件叙述完整，条理清楚。

【读写结合】

吱咯，吱咯，一阵熟悉的响声飘入耳鼓，我知道姥爷一定又躺在藤椅上欣赏那些花了。

八十出头的姥爷，身材枯瘦枯瘦的，腰板却还挺得直。头发已经花白了，山中老藤似的皱纹爬满了脸颊，姥爷常常感叹："岁月不留人哪！"

我一直有点畏惧姥爷。记得很小的时候，我弄折了他的花，姥爷大发雷霆，竟然当着爸爸的面，拿扫帚打了我一顿。后来，姥爷提起这事儿。那时，他也是坐在藤椅上，眯着双眼，轻轻地说道："这些花可都是有感情的，它们陪我好多年了。现在我没事的时候，给它们浇点水，翻翻土，看它们有没有开花，我的心情就很好了。"姥爷似乎在自言自语，可他平静的口吻和阳光下安详的面容，着实让我愧疚了好一阵呢！

【迁移运用】

一眨眼小学生活已进入尾声，在五年半的生活里有什么事情是让你感动的、难忘的，选其中一两件来说说。

小学原生态作文教学系列丛书——悦读喜作

（空白稿纸）

第 21 课　伯牙绝弦

文字对仗工整，节奏朗朗上口

【课文链接】

伯牙鼓琴，志在高山，钟子期曰："善哉，峨峨兮若泰山！"志在流水，钟子期曰："善哉，洋洋兮若江河！"

【领悟写法】

本文行文简洁，平行排列，层次清晰，句式整齐，样式优美，对仗工整，读起来朗朗上口。对仗主要包括词语的互为对仗和句式的互为对仗两个方面。

【读写结合】

伯牙鼓琴，志在清风，钟子期曰："善哉，徐徐兮若清风！"

伯牙鼓琴，志在明月，钟子期曰："善哉，皎皎兮若明月！"

伯牙鼓琴，志在秋雨，钟子期曰："善哉，潇潇兮若秋雨！"

伯牙鼓琴，志在炊烟，钟子期曰："善哉，袅袅兮若炊烟！"

【迁移运用】

仿照课文对仗的表达形式，用上下面提供的词语写几句话。

云雾蒙蒙　春雨绵绵　波光粼粼　凉风习习……

第22课 月光曲

虚实有机结合,融情于景自然

【课文链接】

皮鞋匠静静地听着。他好像面对着大海,月亮正从水天相接的地方升起来。微波粼粼的海面上,霎时间洒满了银光。月亮越升越高,穿过一缕一缕轻纱似的微云。忽然,海面上刮起了大风,卷起了巨浪。被月光照得雪亮的浪花,一个连一个朝着岸边涌过来……

【领悟写法】

以上这段话就是皮鞋匠听着贝多芬的琴声,联想到海上明月升起的奇丽画面。随着景象的变化,音乐气势逐渐增强,曲调出现了波折,从而表现出贝多芬高超的技艺。在叙事中恰当地加进自己的联想,文章就会更加充实,表达的感情就会更加丰富深刻。

【读写结合】

美妙的旋律,就产生于弓弦之间,它们如同奔腾的流水,如同飘忽的烟雾,如同隐藏在密林深处鸣唱的云雀,时而高,时而低,时而徐缓,时而急促,时而清幽……此刻,世界上没有任何声音能淹没它们的回旋和鸣响,辽阔的空间被它们占据了,仿佛所有的一切,都在它们的回旋和鸣响中颤动,甚至融化。

【迁移运用】

根据下面的开头,展开丰富的联想,接着写下去。

走进公园大门,我被眼前的景色迷住了。菊花经过雨水的洗礼,翠色欲流,更令我惊奇的是

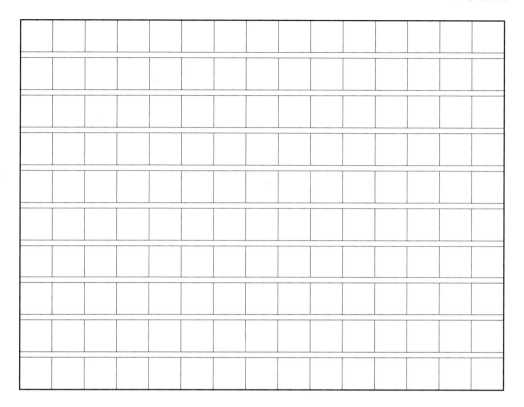

第23课　蒙娜丽莎之约

运用联想融合,巧妙抒发情感

【课文链接】

　　蒙娜丽莎那微抿的双唇、微挑的嘴角,好像有话要跟你说。在那极富个性的嘴角和眼神里,悄然流露出恬静、淡雅的微笑。那微笑,有时让人觉得舒畅温柔,有时让人觉得略含误伤,有时让人觉得十分亲切,有时又让人觉得有几分矜持。蒙娜丽莎那"神秘的微笑"是那样耐人寻味,难以捉摸。达·芬奇凭着他的天才想象力和他那神奇的画笔,使蒙娜丽莎转瞬即逝的面部表情,成了永恒的美的象征。

　　蒙娜丽莎的身姿和交搭的双臂使她显得大方、端庄。她的脸部、颈部和双手好像沐浴在阳光里,格外明亮动人;她的右手,刻画得极其清晰细腻,富有生命的活力;她的朴素的茶褐色衣服更加衬托出特有的生命力。她身后的背景充满着幻觉般的神秘感,山峦、石桥、流水、树丛、小径,在朦胧中向远方蜿蜒隐去。在这空旷而深远的背景里,蒙娜丽莎更加美丽动人。

蒙娜丽莎是全人类文化宝库中一颗璀璨的明珠,她的光辉照耀着每一个有幸看到她的人。我虽然在她面前只停留了短短几分钟,她却在我的心底留下了永不磨灭的印象。她已经成了我灵魂的一部分。

【领悟写法】

作者把眼前看到的和内心想象到的自然地融合在一起的写法,让读者感受到了蒙娜丽莎的美丽神韵,感受到了她微笑的魅力。

【读写结合】

玲玲的舞姿婀娜,步履轻盈,真像一只小天鹅,有时展翅飞翔,有时在水中嬉戏,有时引颈高歌,有时低头哀鸣,真是神形兼备,惟妙惟肖啊!

【迁移运用】

小伙伴在操场上踢足球、打乒乓,在游泳池里游泳……那些娴熟的动作一定会引起你的联想,请学课文的写法,写一段话。

	小	华	在	游	泳	池	里	游	泳	,			

第 24 课　我的舞台

按照时间顺序，文章条理清晰

【课文链接】

舞台对我有着神奇的吸引力。

我还没有出生时，便和舞台结下了不解之缘。我的母亲是评剧演员新凤霞。据说，我在娘胎时，就"登台唱戏"了——母亲在台上唱，我在她肚子里唱。肚子里暗无天日，又无观众，没情绪，不过瘾，我便"大闹天宫"——那天，母亲唱完戏，来不及卸妆，就被送到医院迎接我的降生。为了能够早日尽情演唱，我等不及十月怀胎期满，提早来到了人间。一出世，我就亮开了嗓门，憋了七个月，这回总算过足了瘾，全病房的观众都为我喝彩。

我刚会走路，就在小床上模仿母亲"演戏"。身上围着一条大毛巾，摇摇晃晃走几步，两手上下左右比画着，嘴里咿咿呀呀地乱唱。爷爷奶奶还有小花猫，都是我的观众。"演出"中途，哪位观众要离开"剧场"，都会引起我的不满。一次，小花猫看得兴起，竟蹿上了床。我为赶它下"台"，脚下没留神，一个倒栽葱，摔下床来，直摔得我眼冒金星，半天没缓过劲儿来。

……

我六岁的时候，父母亲为了造就一个真正的小新凤霞，让我正式拜师学艺。师傅是一位身高近两米的黑脸大汉，往我面前一站，像一堵墙。"霜霜，鞠躬，叫师傅，以后每星期跟着师傅练三次毯子功。"母亲一反平常对我溺爱娇宠的态度，绷着脸对我说。

于是，我的舞台从床上转移到了铺着练功毯的院子里。

暑去寒来，几年后，我就可以下腰到地，双手倒抓住脚腕；或一手抓住举过头顶的脚心，做前后翻、跑虎跳，其他基本功的动作更不在话下。

【领悟写法】

文章用了"我还没有出生时""刚会走路""六岁的时候""几年后"等表示时间

的词语,把"我"的学艺过程写得清清楚楚,表现了"我"在不同阶段对舞台的情有独钟和在艺术道路上所付出的艰辛努力。时间顺序在文章中使用恰当,就可以起到画龙点睛的作用,使读者一目了然。

【读写结合】

记得我六岁的一天,妈妈带我来到海日书画学校,欣赏小朋友们的作品。我羡慕极了,很想学到这一手。

刚开始学时,我连毛笔都不会拿,就像拿蜡笔似的抓起了毛笔,结果弄得满手都是墨。

一年级的时候,我很快过了"正"字和"永"字关。

一个暑假过去了,我不但没有耽误做功课,书法还有了突飞猛进的进步。

现在,我学书法已经三年了,一手粗犷大气的毛笔字让我自豪不已。

【迁移运用】

如果你学过音乐、舞蹈、剪纸、手工编织、书法……请你按时间顺序,有条理地写出自己学习过程的提纲。

六年级（下）

第1课 学弈

运用对比手法,凸显人物特点

【课文链接】

弈秋,通国之善弈者也。使弈秋诲二人弈,其一人专心致志,惟弈秋之为听;一人虽听之,一心以为有鸿鹄将至,思援弓缴而射之。虽与之俱学,弗若之矣。为是其智弗若与? 曰:非然也。

【领悟写法】

全文写弈秋教两个人学下棋,两人的学习态度不同,因而学习的结果也截然不同。通过这件事,告诉我们学习应专心致志,不可三心二意的道理。

本文主要通过对比的手法,写出了由于学习态度的不同而结果不同。

【读写结合】

第二天,弈秋开始教他们学下棋。他们两个坐在棋盘两端,专心致志地对弈,其间弈秋在旁边指导。起初周围一片静寂,秋风四起,不时几片落叶飘落下来。两人正一边紧张对弈,一边听弈秋的指导。忽然天空中飞来一群天鹅,铺天盖地,黑压压的一片。第一个人好像没听到也没看到似的,还是专心致志地下棋,听弈秋的教导。但第二个人不时望着天空发呆,心想:"太好了,有天鹅飞过,那我就可以吃一顿大餐了。等我去拿弓箭把它们通通都射下来!"他一边想,一边捂着嘴笑。

【迁移运用】

运用对比的手法,将一节课上同学们不同的学习状态动笔写写。

第2课 桃花心木

学习借物喻人，学会借物喻理

【课文链接】

但是，懒人怎么知道有几棵树会枯萎呢？

后来我以为他太忙，才会做什么事都不按规律。但是，忙人怎么可能做事那么从从容容？

我忍不住问他：到底应该什么时间来？多久浇一次水？桃花心木为什么无缘无故会枯萎？如果你每天来浇水，桃花心木苗该不会枯萎吧？

种树的人笑了，他说："种树不是种菜或种稻子，种树是百年的基业，不像青菜几个星期就可以收成。所以，树木自己要学会在土里找水源。我浇水只是模仿老天下雨，老天下雨是算不准的，它几天下一次？上午或下午？一次下多少？如果无法在这种不确定中汲水生长，树苗自然就枯萎了。但是，在不确定中找到水源、拼命扎根的树，长成百年的大树就不成问题了。"

种树人语重心长地说："如果我每天都来浇水，每天定时浇一定的量，树苗就会养成依赖的心，根就会浮在地表上，无法深入地下，一旦我停止浇水，树苗会枯萎得更多。幸而存活的树苗，遇到狂风暴雨，也会一吹就倒。"

种树人的一番话，使我非常感动。不只是树，人也是一样，在不确定中生活的人，能比较经得起生活的考验，会锻炼出一颗独立自主的心。在不确定中，就能学会把很少的养分转化为巨大的能量，努力生长。

现在，窗前的桃花心木苗已经长得与屋顶一般高，是那么优雅自在，显示出勃勃生机。

种树的人不再来了，桃花心木也不会枯萎了。

【领悟写法】

本文借树苗的生长，来比喻人的成长，写一个种树人让"树木自己要学会在土地里找水源"的育苗方法，说明了在艰苦环境中经受生活考验、克服依赖性对人成长的重要意义。

【读写结合】

　　看到意志坚强的梅花，你是否会想到生活中的"梅花"？那些身残志坚的勇士们，他们在人生的道路上遇到了风雨冰霜，然而他们像冬梅一样，战胜了向自己袭来的无情的风雪，昂首阔步于生活的道路上。他们是生活的强者，是生活中的勇士！他们那美好的心灵、顽强不屈的性格和勇于开拓的精神，不正是那一朵朵充满生机、芳香四溢的梅花吗？

【迁移运用】

　　用借物喻人或借物喻理的方法来写一种你喜欢的植物。

第3课　藏戏

运用反问开篇,吸引读者眼球

【课文链接】

世界上还有几个剧种是戴着面具演出的呢?

世界上还有几个剧种在演出时是没有舞台的呢?

世界上还有几个剧种是一部戏可以演出三五天还没有结束的呢?

还是从西藏高僧唐东杰布的传奇故事讲起吧。

那时候,雅鲁藏布江上没有什么桥梁,数不清的牛皮船,被掀翻在野马脱缰般的激流中,许多试图过江的百姓,被咆哮的江水吞噬。于是,年轻的僧人唐东杰布许下宏愿,发誓架桥,为民造福。一无所有的唐东杰布,招来的只有一阵哄堂大笑。

【领悟写法】

《藏戏》这篇文章主要讲述了藏戏的形成和藏戏独具特色的艺术形式,让人们感受到藏戏独特的魅力和它带给人们随心所欲、不拘一格的艺术享受,表现了藏戏强烈、鲜明的民族特点和不可抗拒的艺术魅力。文章的开头一段很有意思,以三个反问句开头,交代了藏戏的三个特点,表达了对藏戏的赞美。结构严谨,读来朗朗上口,请同学们学习这种写法。

【读写结合】

世界上还有几个地区没有电视和电脑呢?

世界上还有几个地区没有通信手段呢?

世界上还有几个地区是一望无边的大草原呢?

还是从×××讲起吧。

【迁移运用】

课文的开头一段很有特点,以三个反问句开头,形成排比的句式,增强了语势,写出藏戏的三个特点,表达了对藏戏的赞美。我们学习这种写法,试着写写吧。

第 4 课　各具特色的民居

运用说明方法,介绍熟悉物品

【课文链接】

　　客家人是古代从中原繁盛的地区迁到南方的,他们的居住地大多在偏僻边远的山区,为了防备盗匪的骚扰和当地人的排挤,便建造了营垒式住宅,在土中掺石灰,用糯米饭、鸡蛋清作黏合剂,以竹片、木条作筋骨,夯筑起墙厚 1 米、高 15 米以上的土楼。它们大多为三至六层楼,一百至二百多间房屋如橘瓣状排列,布局均匀,雄伟壮观。大部分土楼有两三百年甚至五六百年的历史,经受无数次的地震撼动、风雨侵蚀以及炮火攻击而安然无恙,显示了传统建筑文化的魅力。

【领悟写法】

　　《各具特色的民居》运用了打比方、列数字、举例子等多种说明方法来介绍客家民居、傣家竹楼。

【读写结合】

　　我的老朋友旧文具盒终因体力不支,皮开肉绽,申请"退休"了。于是妈妈就带我到附近的"新图文体"文具店花十元钱买了一个新文具盒。

　　新文具盒是用坚固耐用的铁皮制成的,长 20 厘米,宽 7.5 厘米,高 3 厘米。整体的颜色是我喜欢的淡黄色,正面印着我最喜爱的小熊维尼的图案。面带微笑的小熊头戴一顶棕色的圆草帽,圆溜溜的大眼睛,像两颗黑宝石似的,镶嵌在弯弯的眉毛下。它身穿紫红色的 T 恤衫,左手捧着一束五颜六色的鲜花,右手拿着一枝从花束中抽出来的粉色花朵,似乎准备送给我这个刚刚见面的新朋友。

　　上下两层的文具盒美观实用,收拿方便。上层可以放一些常用的铅笔、钢笔、尺子和橡皮,下层可以放些不常用的荧光笔、更正笔及一些备用笔。将它掂在手里不轻不重,造型简单大方,我对它爱不释手,如获珍宝。

今天的新朋友就是将来的老朋友，文具盒上的小熊维尼。

【迁移运用】

运用打比方、列数字、做比较等多种说明方法，介绍你喜欢的一件手工艺品。

第5课 十六年前的回忆

运用对比描写,刻画人物形象

【课文链接】

1927年4月28日,我永远忘不了那一天。那是父亲的被难日,离现在已经十六年了。

那年春天,父亲每天夜里回来得很晚。每天早晨,不知道什么时候他又出去了。有时候他留在家里,埋头整理书籍和文件。我蹲在旁边,看他把书和有字的纸片投到火炉里去。

我奇怪地问他:"爹,为什么要烧掉呢?怪可惜的。"

待了一会儿,父亲才回答:"不要了就烧掉。你小孩子家知道什么!"

父亲是很慈祥的,从来没骂过我们,更没打过我们。我总爱向父亲问许多幼稚可笑的问题。他不论多忙,对我的问题总是很感兴趣,总是耐心地讲给我听。这一次不知道为什么,父亲竟这样含糊地回答我。

【领悟写法】

此处运用对比手法,突出了父亲当时心中充满对革命事业的担忧和忠诚,对孩子更是全身心地呵护。接着,让孩子用对比的眼光自读父亲被捕时和法庭上的内容,通过对比父亲、敌人、法官、"我"的不同表现,再次体会李大钊的高大形象。

【读写结合】

李大钊保持着他那惯有的严峻态度,稳步走上绞刑台。他深情地环视了一下四周的苍山绿岭,接着面向前来送行的悲痛的人群,庄严而坚定地宣告:"共产主义事业在中国必将取得全面胜利!""快,快行刑,快行刑!"法官惊恐地大喊,"别让他再说话,别让他说话!"两个刽子手怒目圆睁,赶紧把李大钊绑到绞刑架上,残忍地下了毒手。

【迁移运用】

运用对比手法，仿写李大钊在刑场上的情景。

第6课　为人民服务

体会句间联系,意思层层递进

【课文链接】

因为我们是为人民服务的,所以,我们如果有缺点,就不怕别人批评指出。不管是什么人,谁向我们指出都行。只要你说得对,我们就改正。你说的办法对人民有好处,我们就照你的办。"精兵简政"这一条意见,就是党外人士李鼎先生提出来的;他提得好,对人民有好处,我们就采用了。只要我们为人民的利益坚持好的,为人民的利益改正错的,我们这个队伍就一定会兴旺起来。

【领悟写法】

通过朗读体会句与句之间的紧密联系,意思层层递进:不怕别人指出,欢迎批评。衡量批评正确与否的标志只有一个,就是是否符合人民的利益。接受任何人的批评的前提也只有一个,就是为人民服务。

【读写结合】

人总是要面对挫折的,但面对挫折的态度有不同。英国首相丘吉尔曾经说过:"被克服的困难就是胜利的契机,为战胜挫折而奋斗,就有成功的可能;因担心挫折,而灰心丧气,就没有成功的可能。"丘吉尔首相是为战胜挫折而奋斗的,他的成功是注定的。因此我们要为战胜挫折而奋斗,所以,我们如果遇到挫折,就不能灰心丧气。不管是炎热酷暑,还是寒冬腊月。只要阻挡我们前进的道路,我们就要克服。被克服的困难就是胜利的契机,只有你不向它屈服,就有成功的可能。

【迁移运用】

请运用一些关联词语,写一段意思层层递进的话。

第7课　卖火柴的小女孩

学写幻象描写,虚实结合运用

【课文链接】

她的一双小手几乎冻僵了。啊,哪怕一根小小的火柴,对她也是有好处的!她敢从成把的火柴里抽出一根,在墙上擦燃了,来暖和暖和自己的小手吗?她终于抽出了一根。哧!火柴燃起来了,冒出火焰来了!她把小手拢在火焰上。多么温暖多么明亮的火焰啊,简直像一支小小的蜡烛。这是一道奇异的火光!小女孩儿觉得自己好像坐在一个大火炉前面,火炉装着闪亮的铜脚和铜把手,烧得旺旺的,暖烘烘的,多么舒服啊!唉,这是怎么回事呢?她刚把脚伸出去,想让脚也暖和一下,火柴灭了,火炉不见了。她坐在那儿,手里只有一根烧过了的火柴梗。

【领悟写法】

《卖火柴的小女孩》是丹麦作家安徒生写的一个童话故事,主要讲了一个卖火柴的小女孩在富人合家欢乐、举杯共庆的大年夜冻死在街头的故事。小女孩死了,嘴角却带着微笑,通过擦燃火柴的美好幻想与她饥寒交迫的现实生活形成了鲜明的对比。安徒生通过这个童话,表达了对穷苦人民悲惨遭遇的深刻同情和对当时社会的不满,无情地揭示了资本主义社会的黑暗和罪恶。

本文运用了虚实结合的写法,通过对小女孩每次点燃火柴时眼前出现的幻象描写,表现出她对美好生活的向往;幻象与现实形成鲜明的对比,进一步激发了读者强烈的同情心。通过幻象描写表现人物心理的写法,生动展现人物内心。

【读写结合】

他曾经是那么的快乐、那么的幸福。周一到周五背着心爱的小书包高高兴兴上下幼儿园,周末时光爸爸妈妈会带着他去附近的公园逛逛,还会带他去电影院看电影,去商店买东西,要是不出去,就在家里看看电视、玩玩游戏。他根本不知道饥饿是什么感觉，挨打又是什么滋味。可是自从那天因贪玩而迷了路，遇上了坏人，被带到了异乡，他就再也没有好日子过了。钱没要到或者要少了，头儿会打他、踢他，甚至不给他饭吃。晚上就睡在桥洞下，夏天蚊子叮得他整晚整晚地睡不着觉，冬天冷得瑟瑟发抖，也睡不着觉。他的小脸因此黄黄的、瘦瘦的，全身都是红疙瘩，小手总是黑黑的、脏脏的。要是哪一天他能回到父母身边该多好啊！

【迁移运用】

观看动画片《熊出没·美好幻觉》这一集，写写光头强在收到奇幻宠物饼干后的幻象及心理。

（此处为方格稿纸，共八行，无内容）

第9课　凡卡

运用插叙描写，反衬人物内心

【课文链接】

现在，爷爷一定站在大门口，眯缝着眼睛看那乡村教堂的红亮的窗户。他一定在跺着穿着高筒毡靴的脚，他的梆子挂在腰带上，他冻得缩成一团，耸着肩膀……

天气真好，晴朗，一丝风也没有，干冷干冷的。那是没有月亮的夜晚，可是整个村子——白房顶啦，烟囱里冒出来的一缕缕的烟啦，披着浓霜一身银白的树木啦，雪堆啦，全看得见。天空撒满了快活地眨着眼睛的星星，天河显得很清楚，仿佛为了过节，有人拿雪把它擦亮了似的……

【领悟写法】

《凡卡》是俄国19世纪著名作家契诃夫写于1886年的作品。它通过对凡卡悲惨的学徒生活的描写，反映了沙皇时代无数破产的农民被迫流入城市谋生，他们深受剥削之苦,连儿童也不能幸免。这篇小说写的真实感人,无情地揭露了沙皇俄国黑暗的社会现实。

本文结构复杂,通过叙述凡卡写信的情景,插叙凡卡写信时的回忆,展现凡卡写信的内容。这三部分有机结合,采用对比、暗示、反衬的表达方法,互相映衬。以信的诉"苦"为主,以"乐"相衬,形成内容上与情感上的鲜明对比。作者抓住了细节描写,表现了凡卡——这个仅仅九岁的孩子复杂的内心活动,写得有血有肉,真实具体,深刻感人。

【读写结合】

凡卡撇撇嘴,拿脏手背揉揉眼睛,抽噎了一下。他想起了和爷爷在一起是多么快乐的事情啊!每天晚上,他都会睡在爷爷里边。睡觉前,爷爷会帮他把被子盖好,还会给他讲故事,讲白天的见闻,他就会在爷爷眉飞色舞的讲述中美美地入睡。爷爷最喜欢吸烟了,清晨起来坐在床沿上,爷爷就吧嗒吧嗒地开始吸烟了,那烟圈一个连着一个,缓缓上升,真好玩!

【迁移运用】

请你结合对课文的理解,用上文中的一种表达方法续写故事。

（此处为方格稿纸）

第9课　跨越百年的美丽

抓住细节描写，烘托人物性格

【课文链接】

　　1998 年是居里夫人和她的丈夫发现放射性元素镭的一百周年。

　　一百年前的 1898 年 12 月 26 日，法国科学院人声鼎沸，一位年轻漂亮、神色庄重又略显疲倦的妇人走上讲台，全场立即肃然无声。她叫玛丽·居里，她今天要和她的丈夫皮埃尔·居里一起，在这里宣布一项惊人的发现：天然放射性元素镭。

本来这场报告,她想让丈夫来做,但皮埃尔·居里坚持让她来讲。在此之前还没有一个女子登上过法国科学院的讲台。玛丽·居里穿着一袭黑色长裙,白净端庄的脸庞显出坚定又略带淡泊的神情,那双微微内陷的大眼睛,让你觉得能看透一切,看透未来。她的报告使全场震惊,物理学进入了一个新的时代,而她那美丽、庄重的形象也就从此定格在历史上,定格在每个人的心中。

【领悟写法】

对人物的容貌、神情、装束等进行描写,往往能从侧面反映人物的内心世界,表现人物的某种品质。本文就以"美丽"为线索,多次对居里夫人的外貌进行了细致的刻画。写居里夫人"穿着一袭黑色长裙""白净端庄的脸庞""坚定又略带淡泊的神情""微微内陷的大眼睛",揭示出这一形象背后居里夫人那坚毅执着的精神。

【读写结合】

我们班有位"辣妹子",姓张名琪。她中等个子,黑黝黝的脸蛋上镶嵌着一双明亮有神的大眼睛。身穿耐克运动装,脚下一双无敌风火轮,加上一头被风吹得像乱草堆似的小短发,不仔细看,你还以为她是个男生呢!

我们班的张辣妹可惹不起,你别看她是个女生,你要是惹火了她,这后果谁也不敢保证,轻者除名江湖溜回家,重者挨个大包没气撒。要是哪个倒霉蛋碰上"火山喷发"了呀,这不是鸡蛋碰石头——自不量力!只见张辣妹一个排山倒海,那位仁兄好不容易站稳了脚,我们张大侠又腾空踹来一个佛山无影脚,打了对手一个措手不及。那位可怜的仁兄为了保住小命,只好用三十六计——走为上!

【迁移运用】

通过对人物的容貌、神情、装束等进行描写,介绍一下你最喜欢的一个人。

第10课 千年梦圆在今朝

运用联想想象，为下文做铺垫

【课文链接】

飞离地球，遨游太空是中华民族很久以来的梦想。在中国的古代，早就流传着"嫦娥奔月"的神话，人飞于天、车走空中的传说，以及"鲲鹏展翅""九天揽月"的奇妙想象。富有激情和超凡想象力的炎黄子孙，不只是在简单地描绘着瑰丽绚丽的飞天之梦，他们于千百年的岁月流传之中，不断地尝试实现自己的美好愿望。

中国明代的官员万户，是世界历史上第一个实验乘火箭上天的人。他用47只火箭捆绑在椅子下面，自己坐在椅子上手拿两只风筝，然后叫人点火发射。但是，随着一声巨响，他消失在了火焰的烟雾中。人类首次火箭飞行尝试没有成功。

尽管如此，万户那种勇于实践的探索精神，却使人们的内心深处受到了极大的震撼和鼓舞，他因此被国际航天史学家公认为人类升空探索的先驱。为了纪念他，国际天文学联合会将月球上的一座环形山命名为"万户"。

尽管遭受了无数失败，付出了惨重代价，坚定而执着的炎黄子孙却始终没有放弃飞离地球的努力。

【领悟写法】

作者通过写这些神话传说，展开奇妙想象，充分展现了中华民族极其丰富的想象力和飞天的壮志豪情。

【读写结合】

昙花为了自己的梦想，甘愿承担往日无人的理睬；流星为了自己瞬间美好的梦想，宁可放弃灿烂闪耀的生命；彩虹为了自己绚丽多姿的梦想，即便是忍受暴风雨的洗礼；雄鹰为了自己翱翔蓝天的梦想，哪怕是接受生死的挑战。

有了梦想，我们才有了追求；有了梦想，我们才开始成熟；有了梦想，我们才学会坚持;有了梦想,我们的人生才会变得精彩纷呈。

　　小时候,我最大的梦想是能在一番奇遇后,变成一个拥有绝世武功的武林高手、江湖侠客,能够除暴安良、名垂青史;在功成名就后,做一个隐居深山的世外高人,或游历名山大川,或种花种草增添雅致,过着闲云野鹤的生活,好不自在!然而,一次和老爸的谈话,却改变了我的想法。听老爸讲,"世界发明大王"爱迪生一生只上过三个月的小学,可是却有约两千项创造发明,至今仍在造福人类!于是我心中便萌生了一个新念头:做一个像爱迪生那样的发明大王!这个念头便如一颗种子一样,在我心头深深地扎下了根……

【迁移运用】

　　你的梦想是什么?学习了课文之后,从航天工作者的身上你学到了些什么?你打算为你的梦想,做些什么呢?

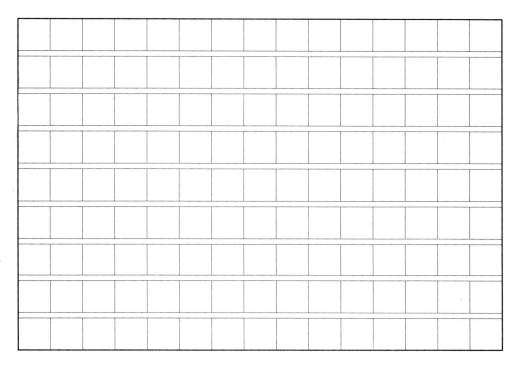

第11课　我最好的老师

通过具体事实,烘托人物性格

【课文链接】

从此,科学课对于我们来说就成了一种"冒险"。怀特森先生总是想方设法让我们来接受他的挑战。有时,为了驳倒他的一个貌似正确的论点,我们常常会在课后花好几个小时甚至几天的时间去思考和论证。然而,正是在一个个饶有趣味又充满刺激的过程中,我们逐渐增长了见识,也逐渐懂得了如何去接近真理。

这是一种终身受益的教训。怀特森先生让我还有我的同学明白了一个重要的道理:不要迷信书本,也不要迷信权威。

【领悟写法】

通过具体事件表现人物是写人最常用的方法,这样可以使读者真切地感知血肉丰满的人物的存在和活动。文章中怀特森先生的性格特点就是通过具体事件的描述表现出来的。通过事例，我们真切地感受到怀特森先生是一个有个性、教学方法独特的老师。

【读写结合】

　　最近甲流疫情严重，薛老师不断地提醒同学们要注意保暖，注意预防，多喝开水。一天早晨，班上有好几个同学都咳嗽了，薛老师看到这种情形，急忙让班干部给全班同学都买了预防感冒的药物，并且还看着大家喝下去，谁要是犹犹豫豫不想喝的样子，薛老师朝他脸上一看，哈哈，他马上就喝了。我不由得想起在家里生病的时候，妈妈也是这样监视我吃药的，好像我生病是多么严重的事情一样。

　　想着，想着，鼻子酸酸的……此时对薛老师我又有了第二个印象——善解人意，和蔼可亲，和妈妈一样。

【迁移运用】

　　通过具体事件表现人物是写人最常用的方法，请你用这种方法来介绍一位你最尊敬的老师！

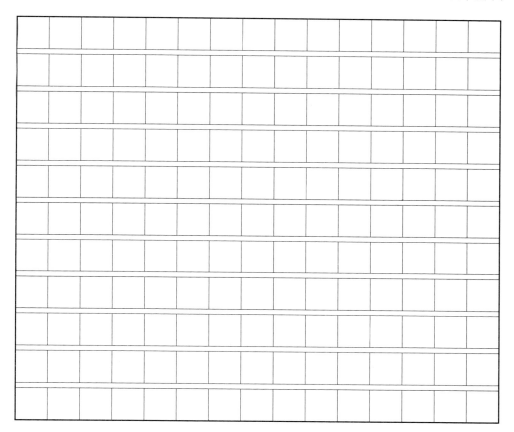

第12课　真理诞生于一百个问号之后

围绕作者观点，展开研究论证

【课文链接】

　　有人说过这样一句话：真理诞生于一百个问号之后。其实，这句话本身就是一个真理。

　　纵观千百年来的科学技术发展史，那些定理、定律、学说的发现者、创立者，差不多都善于从细小的、司空见惯的现象中看出问题，不断发问，不断解决疑问，追根求源，最后把"？"拉直变成"！"，找到了真理。

【领悟写法】

学习时，先按照提出观点—论证观点—总结观点的思路来梳理文章的结构，明确作者的观点，找出文章中具体写了哪几件事（顺序梳理法）。然后围绕"问号是什么""由此发现的真理是什么""从问号到真理的过程是怎样的"三个问题深入理解这三个事例，并联系上下文体会含义深刻的句子，理解"真理诞生于一百个问号之后"的含义（问题引领法）。

【读写结合】

读罢《弈秋》颇有感触。二人学弈，一人专心致志，一人虽听之，一心以为有鸿鹄将至，思援弓缴而射之，其结果可想而知。其实，这个故事告诉我们一个看似简单实质深刻的道理：做任何事都要专心致志，否则一事无成。

北宋大文学家欧阳修写作诗文有许多是在"三上"：马上、枕上、厕上思考成熟的。南宋著名学问家朱熹治学要求自己有"三到"：心到、眼到、口到。现代著名美学家朱光潜要求自己"三此主义"：此身、此时、此地。这里"三上""三到""三此主义"，都有一个共同特点，那就是一心一意，集中精力，也就是专心致志。我们可以设想一下，如果他们没有此种专心致志的品德，能成为大学问家吗？

【迁移运用】

仿课文的写法写一段话，用具体事例说明一个观点，比如"功夫不负有心人""虚心使人进步，骄傲使人落后"等。

第13课　新来的王老师

通过对话描写,突出人物性格

【课文链接】

"同学们笑,你好像不太高兴。不过,他们为什么要笑呢? 我做错了什么吗? "

蔡林看了看老师,撇撇嘴:"老师,我是差生,没有提问我的。"

"差生? "王老师摇摇头,"谁说你是差生? "

蔡林想了想:"大家都这么认为。我,我自己也承认。"

王老师正想说话,上课铃声响了。王老师让蔡林回班上课。

【领悟写法】

文章主要采用了对话描写,推动故事情节的发展,表现了王老师对待学生尊重关爱、耐心细致的品质。

【读写结合】

我禁不住对她说:"护士阿姨,看见您的笑容,我觉得病好多了。"

"病人都喜欢看见笑脸的。"甜甜的声音,和她的笑一样甜。

——《微笑的天使》

【迁移运用】

生活中,爷爷奶奶、爸爸妈妈一定很关心你,很疼爱你;在学校里,有那么多的老师,在你生病时、在你苦恼时、在你骄傲时……老师是怎样对你说的? 请将你与他们的对话描写出来。

第14课 忘不了的笑声

选择写作角度,内容别出心裁

【课文链接】

小队的同学都爱笑,各人的笑声不一样。"格格格",这是余晓的笑声,笑得很有感染力。她正一边笑着,一边给同学念作文呢。作文里有趣的情节和对话,特别是她的笑声,引得大家哈哈大笑起来。

"嘻嘻嘻!"是大个子方萍的笑声。一听到这样的笑声,就知道她又在捉弄人了。原来她正在嘲笑王羽,说她讲的是"川味普通话",王羽气得眼泪汪汪。这时鲁珊走过来抿嘴一笑:"嘿,'积云雨'来了,要不要我发表一个天气预报啊?"逗得大家都笑了,王羽也笑了。

【领悟写法】

本文写作角度别出心裁,以小队同学的不同笑声为题材,写出同学们的不同特点。

【读写结合】

"哈哈哈","王诗毓一笑,全校抖三抖",可见她的威力了吧!一次,大家说了一个小笑话,"哈哈哈",刚说一半,她就捂着肚子笑起来,引得周围老师和同学们投来阵阵目光,她的笑真是"惊天动地"呀!

【迁移运用】

班级里与你朝夕相处的同学,每个人都有自己与众不同的特点,他们的笑声、他们的哭声肯定别具一格,请你选择一个或两个非常有特点的同学,将他(们)的笑声或哭声描写出来。

第15课　作文上的红双圈

借助心理描写,刻画人物形象

【课文链接】

一天上午在操场劳动,有人跑过来告诉我:"征文在报栏里贴出来了,有你的,上面打满了双圈。"我很兴奋,即刻就想去看看,却又矜持,不愿在同学面前显出我的迫不及待。挨到中午,校园里寂静无人时,我像做贼一样地溜过去,独自站在报栏前,欣赏我的打满双圈的作文。

我带着心跳,从头到尾一个个数下来,一共是九十八个红双圈。这是我的语文老师给我的评价。

【领悟写法】

文章细致地刻画了"我"听说征文在报栏里贴出来后激动、兴奋但又有些矜持的复杂心情。"我"既迫不及待地想看到张贴的作文,又有几分羞涩,不愿在同学们面前显出内心的喜悦。以小见大,写出了真情实感,表达了对老师、对母校的感激之情。

【读写结合】

我心里难过极了,却不知道怎样面对大家。没错,是我连累了大家,使全组受了牵连,可我是无意的呀!我想大哭一场,但又哭不出来,只是满脸通红地呆站着。

——《苦恼》

【迁移运用】

生活中,你一定也会遇到开心、难过、伤心、苦恼、郁闷的事情,学习上面心理描写的方法来刻画人物,请将你当时的心理活动写下来。

第16课　给老师的一封信

融入想象因子，表达生动具体

【课文链接】

7岁那年，开学的第一天，妈妈牵着我的手把我送进学校。第一个迎接我的是您——顾老师。"顾老师"，这是多么美好的称呼呀！您微笑着，把我领进教室。您是那么亲切，使我一下子就喜欢上您。以后我最爱上您的语文课，因为您总有办法让我们认清拼音字母那一张张陌生的脸，神奇地把它们变成一个个熟悉的音节；也总有办法叫那些方块汉字排成队，让我们念动听的儿歌，读有趣的故事。

随着知识的增长，我和班上一些同学一样，强烈地爱上了写日记。在万物复苏的季节，您带我们到野外去找春天。我们听着小鸟的欢叫，闻着小草的芳香，感受着阳光的温暖，当然也带回了写日记的灵感。老师，您真像童话中的仙子。您这儿一指，那儿一点，我那平平淡淡的日记就充满了生机。日记中长出了小草，开出了小花，小鱼儿在里面欢快地游。

【领悟写法】

本文作者把叙述、描写、想象等方法结合在一起，表达具体生动，充满真挚的情感。

【读写结合】

我最爱上王老师的数学课，因为他总有办法让我们去认识那一个个生动的数字，把它们变成我们的伙伴；也总有办法让我们快乐地在数学公式中遨游，去探索更神奇的数学奥秘。

【迁移运用】

小学六年，教过你的老师有很多，他们都有自己的教学艺术。请你将叙述、描写、想象等方法结合在一起，写写你的老师的课堂。

第17课　在小学生毕业典礼上的讲话

语言句式工整,用词生动形象

【课文链接】

从入学到现在,身边的这棵槐树已经增添了六个年轮。每一个年轮,都仿佛是一本色彩斑斓的画册,记录着学校的生活,记载着我们的故事。此时此刻,我耳边又回响着充满墨香的书声,快乐童真的歌声,尽情嬉闹的笑声,诲人不倦的心声;我眼前又浮现出引人入胜的课堂,热火朝天的劳动,有趣开心的郊游,你追我赶的赛场……

……

再见,敬爱的母校,在您的怀抱里,我们从无知变得懂事,从幼稚变得成熟,从胆小变得勇敢。今天,我们为您而骄傲;明天,您一定因我们而荣光。

【领悟写法】

这两段话运用排比的句式,回忆了小学生活中令人留恋的一幕幕,表达了作者对母校快乐有趣生活的怀念和感激之情。句式工整,用词生动。

【读写结合】

此时此刻,我耳边又回响着充满温馨的话语,低低倾诉的呢喃,似骂非骂的轻责,关怀备至的心语;我眼前又浮现出泥泞的黄土,热气腾腾的饭桌,灶前忙碌的身影,微微绽放的笑容……

【迁移运用】

六年级毕业晚会上,会邀请学生代表发言。请你作为代表写一篇发言稿,运用排比句式,力求做到用词生动。

第18课 给校长的建议

分条列出建议，清晰明确表达

【课文链接】

第一，打扫、清理好房间，安置几张大桌子和几条板凳，供阅览用。

第二，制作一些学校图书证，让喜欢读书的同学在后勤部门办证。

第三，建议将部分自习课改为在图书馆上图书阅览课。

……

【领悟写法】

建议书的具体内容一般是分条开列的，可在每条前分别加上"1、2、3、4"或"第一、第二、第三、第四"，这样写往往清晰明确，一目了然。

【读写结合】

为此，我们建议大队部开展"献上我们的一片爱心"活动。

一、学做家务。在家里我们要做饭、洗碗、收拾房间等，争当父母的好帮手。

二、上门服务。每个小队从住在附近的老弱病残人员中，确定服务对象，定期上门做些力所能及的好事。

三、爱护公物。我们要自觉保持教室卫生和校园整洁，爱护学校的一切设施。

四、捐献图书。……

【迁移运用】

学校食堂、运动场地、图书角、兴趣小组……都会有这样或者那样的不完美之处，请你结合实际，给校长写一封建议书。

后　记

　　为了进一步深化学校课程改革,加大校本课程研究和开发力度,2018 年 3 月学校申报了一项省级教研课题《基于主题体验的原生态作文教学实践研究》,台州市双语教育集团董事长、双语学校总校洪仙瑜校长担任课题组负责人,学校总督学(原台州市椒江区教科所)徐晓东所长、高中分校金先高校长、初中分校陈学君校长、小学分校陈慧娇校长、科研处毛乃春主任参与课题组研究,小学语文组具体负责课题研究实施。我们根据省课题研究要求,总结近两年的语文教研活动项目化推进实践经验,课题组对主题体验下的原生态作文教学的理论进行解读、研究、梳理和提炼,并指导实践研究,明确了开展原生态作文教学的方向和原则,并形成原生态作文教学实践研究的"一二三四五":

　　树立一个核心理念:提高学生的语文综合素养。

　　确定两个研究层次:读写结合和主题体验。这一课题的研究主要从两个层次着手研究:一是从课文的阅读中学习习作的方法,通过读写结合来实现,属于积累层面;二是通过开展一系列的主题体验活动(包括学校主题体验、家庭主题体验、社会主题体验、自然主题体验),学生将学习到的方法在习作中加以运用,属于迁移运用层面。这一层面的研究又包括四个发展维度,即认知、情感、意念、评价。

　　追寻三个个性特征:生命、生活、生态。1.尊重生命体验的个性特征。原生态作文应该尊重儿童生命的个性特征,因为每一个儿童的生命个体都是独特的、独一无二的,有着自身的个性化品质,尊重儿童的个性特征,就是尊重儿童的习作权利,尊重儿童的习作自由。2.关注生活经历的个性特征。儿童生活面的宽窄程度决定着原生态作文的宽广度,儿童生活经历的丰富程度决定着原生态作文的深浅度。每个儿童的生活经历都是不一样的,具有自己独特的个性特征。关注儿童生活经历的个性化特征,引导儿童运用自己独特的语言系统,确立个性化的言语表达形式,展示自己个性化的生活场景,抒发自己个性化的内心情感。3.遵循生态规律的个性发展。生态是生物和环境之间相互影响的一种生存发展状态,也指生物的生理特征和生活习性。儿童的生态即儿童的生命状态、生长姿态、生存态势。每个人都有自己独一无二的生命轨迹,每个成长历程都应该有独特的记录方式。

坚持四个教学主张:生态、主题、体验、心灵。原生态作文是习作教学的标志性特征,它是以儿童为主体,以儿童的生命状态为背景,以儿童的生活现状为基础,以儿童的生存态势为内容的一种可持续性的教学活动。生态是最丰富的写作泉源,主题是最持久的写作动力,体验是最真实的生活状态,心灵是最真切的写作体认。

呈现五个教学优势:统整习作教材的创新设计,走出习作教学的内容困境,贴近学生习作的发展区域,消除学生习作的心理障碍,激荡学生习作的情感积淀。

为了加强理论联系实践,使课题研究落地生根,由洪仙瑜校长总体策划、学校总督学徐晓东所长具体指导,并根据他的小学语文项目化研究的总体思路和实践路径进行推进。

课题组经过近两年的努力,语文老师全员参与,我们已经将小学语文各学段实践研究成效做了全面的梳理,课题研究的第一层次已初步形成了《悦读喜作》书稿。其中一年级部分由翟灵青、丁一、李卫青、李佳媛、李金铙、杨彩芳编写,二年级由詹远、卢柯焰、何俊、金丽燕、宋春博编写,三年级由刘小明、孙日东、黄微勤、陈素素、林琳、董晶晶编写,四年级由陈符银、周璐、林晓晓、陈晓燕编写,五年级由张虹、朱琪琛、张玲芳、宋满香、狄仙君、苏丹、郭余编写,六年级由于者良、林凌、周英、何灵芳、阮淑英、杨健、王蕾编写。全书由小学语文教研组组长于者良老师负责统稿。

《悦读喜作》是在继承和发展我国传统作文教学成功经验的基础上,结合学校的实际情况,针对小学一至六年级共十二册语文教材,有选择地寻找适合进行读写结合训练的课文,把握文本中核心的读写结合点进行切入训练。从一年级开始,进行专项反复训练,对学生进行举一反三、触类旁通等求异思维、发散思维等能力的培养,在读写结合中得以促进,从而逐步凸显他们写作的个性。

阅读和写作是小学语文教学的两个重点,读和写是互相联系、互相促进的关系,对于小学生语文综合素养的提高来说,二者缺一不可。

"现在的统编教材和多数地方教材,都是将阅读教材和作文教材编在一起的综合型教材,意在加强读写结合。大家知道阅读是'吸收','作文'是表达,学用必须一致,读写必须结合。"(吴立岗《小学作文教学论》)从宏观角度来讲是如此,但从微观角度(每一篇课文)来看,读写需要的是自然结合,读在前,写在后。读中感悟,以读促写,以写促读,读写相连,读写结合。

多数学者认为阅读与作文虽然有内在联系,但是作文训练有其本身的规律,不能依附于阅读训练。要探索建立既与阅读有密切联系,又保持相对独立的科学的作文训练序列。

早在1927年,老解放区所编的各种小学语文课本基本上就是按照读写结合的思路来确定作文训练程序的。在作文训练方面,一是考虑读什么、写什么,读写结合;二是考虑读和写的内容要符合儿童的年龄特点,讲究科学性;三是初步学会各种体裁的文章,讲究实用性。这些思想渗透在当时列宁小学各个年级的语文教学要求之中。

读写结合习作训练的目的是通过训练提高学生的综合能力,每一次习作训练,不管是片段练习还是篇章训练,教师都应该有一个明确的训练目标,直接指向学生的能力发展,并针对不同的年级确定不同的训练目标:一年级是写完整句子,引导学生规范化写句;二年级是写句组,而且是连贯化写句;三年级是构段能力,进行有序化构段训练;四年级是构篇布局能力,指导学生组织化构篇;五年级是结构化能力,指导学生进行结构化表达训练;六年级是主题化表达能力训练。不同的年级教学目标不同,采用的教学策略和教学手段、读写结合的角度也就不一样。

读写需要自然结合,而不是生拉硬拽。老师在教学过程中,应让学生感觉不到是在单纯地教写作方法,这样学生不仅会快乐地接受,而且会牢牢地记住,学生就会从量的积累到质的飞跃。

省教育厅教研室任学宝主任,台州市教研室高美娇、李彩娟老师,台州市教科所李哉平老师,椒江区教育教学发展中心章正形老师分别来校指导,《小学作文创新教学》杂志主编聂闻从课题方案的设计、申报到校本课程的开发、编写进行了全面指导,在此一并表示感谢。

由于水平有限,时间仓促,错讹之处在所难免,恳请专家和读者批评、指正,我们将再接再厉。

教无止境,学无止境,研无止境,让我们一起行走在课题研究的路上,且研且行,且行且思,且思且变。

本书编委会

2018年11月